新时代青年学者经济文库
Economic Library for Young Scholars in the New Era

农村信息需求与服务模式研究

Study on Rural Information Demand and Service Models

靳艳峰 著

东北财经大学出版社
Dongbei University of Finance & Economics Press

大连

图书在版编目（CIP）数据

农村信息需求与服务模式研究 / 靳艳峰著. —大连：东北财经大学出版社，2025.7.—（新时代青年学者经济文库）. —ISBN 978-7-5654-5647-3

Ⅰ.F320.1

中国国家版本馆CIP数据核字第2025CZ2008号

农村信息需求与服务模式研究

NONGCUN XINXI XUQIU YU FUWU MOSHI YANJIU

东北财经大学出版社出版发行

大连市黑石礁尖山街217号　邮政编码　116025

网　　　址：http://www.dufep.cn

读者信箱：dufep@dufe.edu.cn

大连永盛印业有限公司印刷

幅面尺寸：170mm×240mm　字数：190千字　印张：16　插页：1
2025年7月第1版　　　　　　2025年7月第1次印刷
责任编辑：王　莹　吴　奂　　　责任校对：赵　楠
封面设计：张智波　　　　　　　版式设计：原　皓
书号：ISBN 978-7-5654-5647-3　　定价：86.00元

前　言

在乡村振兴的伟大征程中，中国农村正经历着前所未有的变革与机遇。随着数字化浪潮的汹涌澎湃，农村信息服务所面临的信息环境、条件及内涵正发生着深刻的变化。然而，互联网的普及速度在农村地区，尤其是贫困地区逐渐放缓，信息基础设施建设相对滞后，针对性信息服务供给不足，这无疑为乡村振兴战略的实施增添了供需矛盾的风险。一方面，区域信息环境的显著差异导致农村信息资源的开发利用以及公共数据的开放共享程度参差不齐，整体发展水平偏低，这与乡村振兴中信息赋能的要求相去甚远；另一方面，农民素质的差异性决定了他们信息需求的多元化，对信息的采纳意愿也存在较大差异，这进一步加剧了农村信息服务供需匹配的难度。

鉴于此，本书依托信息经济学和新公共服务理论，紧密结合乡村振兴的大背景，从供给侧和需求侧的双重视角，对农村信息服务的问题进行了深入细致的研判。在梳理和分析农村信息服务供给与需求一般性和特殊性的基础上，本书揭示了农村信息服务供需不均衡的现实问题及其诱因——农村信息服务有效供给的不足，这与乡村振兴中信息服务的全面、精准、高效要求差距很大。

本书的主要内容包括以下几个方面：

其一，从供给侧和需求侧的视角切入，系统梳理并分析农村信息服务供给和需求的一般性与特殊性，紧密结合乡村振兴的战略需求，发现并提出农村信息服务供需不均衡的问题，深入剖析其诱因。本书认为，只有实现农村信息服务的有效供给，才能为乡村振兴提供有力的信息支撑。

其二，从客观视角对农村信息服务需求进行深度探究。在数字化时代，农村信息服务需求呈现出更加多元化、个性化的特点。本书运用计量经济学方法，构建有序 Probit 农村信息服务需求模型，通过偏相关系数法剔除高重合度的信息因素，借助 ROC 曲线对模型中的因素进行验证。最终，通过实证研究确定了影响农村信息客观需求的多个关键因素，这些因素均与农村信息服务供给密切相关，为乡村振兴中的信息服务供给实践提供了有力的理论依据。

其三，从主观视角对农村信息服务需求进行全面剖析。在乡村振兴的背景下，农民的信息需求不仅仅停留在客观层面，还涉及主观感知、心理预期等多个方面。本书基于新公共服务理论、信息经济学理论，构建农村信息主观需求模型。通过引入调节变量，运用探索因子分析法对研究设计进行信度和效度分析，利用结构方程对研究假设进行验证。最终，通过实证分析揭示了农村信息服务主观需求的交互影响因素，为乡村振兴中的信息服务供给实践提供了更加全面、深入的依据。

其四，从行动主体视角出发，建立农村信息服务供给的斯坦伯格博弈模型。在乡村振兴的战略框架下，政府、企业、第三方等各方主体扮演着不同的角色，他们之间的博弈关系直接影响着农村信息服务的供给效率。本书通过深入分析各方主体的利益和关系，提出了政府主导、第三方追随的农村信息服务的行动主体供给模型。本书通过引入固定成本契约的协调供应链决策，验证了供给主体间的利益分配比例、农民对信息获取便捷性的敏感度、农民对信息反馈便捷性的敏感度等因素对供给决策的影响，为乡村振兴中的信息服务供给实践提供了更加协同、高效的方案。

其五，基于农村信息服务供需的均衡分析模型，结合乡村振兴的战略目标和农村信息服务供需不平衡的现状以及需求的主客观影响因素，本书提出了农村信息服务的均衡模式。在数字化时代，数据挖掘和算法优化为农村信息服务提供了新的可能。本书通过引入数据挖掘算法，从组织模式、信息内容、传播模式、利益分配和技术支撑等方面提出了一种基于改进关联规则且带有反馈机制的农村信息服务均衡模式。这一模式不仅降低了计算的时间复杂度，还验证了农民信息需求关联规则的精准性，为乡村振兴中的信息服务供需均衡提供了有力的技术支撑。

本书的主要理论贡献体现在以下几个方面：

（1）在农村信息服务问题的研判中，本书创新性地从供给侧和需求侧视角出发，紧密结合乡村振兴的战略需求，分析了农村信息服务的需求特性和供给特性。通过构建前置偏相关分析和后置ROC曲线检验的农村信息需求Probit模型，本书揭示了农村信息服务供需不均衡的现实问题和诱因，为乡村振兴中的信息服务问题的解决提供了全新的思路和方法。

（2）在对农村信息服务主观需求的探究中，本书充分考虑了数字化时代农民信息需求的复杂性和多样性。基于多种理论构建农村信息主观需求理论分析框架，本书深入分析了行为、心理、信任、创新以及农民特征之间的交互作用机制。通过实证分析，本书验证了农民的年龄和经验特征作为调节变量对农村信息服务主观需求的影响，为乡村振兴中的信息服务主观需求研究提供了更加全面、深入的理论支撑。

（3）在行动主体视角下的农村信息服务供给研究中，本书紧密结合乡村振兴的战略框架，深入分析了各方主体的地位和相互关系。通过构建斯坦伯格博弈模型，本书提出了政府主导、第三方追随的农村信息服务的行动主体供给模型，为乡村振兴中的信息服务供给实践提供了更加协同、高效的方案。

（4）在农村信息服务供需均衡模式的研究中，本书充分考虑了数字化时代的新技术和新方法。通过引入数据挖掘算法的思想，本书提出了一种基于改进关联规则且带有反馈机制的农村信息服务均衡模式。该模式不仅验证了农民信息需求关联规则的精准性，也为乡村振兴中的信息服务供需均衡提供了有力的技术支撑和创新思路。

靳艳峰

2025 年 5 月

目　录

1

绪　论

1.1 研究背景与问题提出

经过将近三十年的发展历程，中国农村信息化已经进入到一个全新阶段，随着宽带覆盖率的飞速提升和农村信息基础设施的逐步完善，数字乡村和智慧乡村建设已经成为农村信息化的新目标。大数据、人工智能、5G等新兴技术的发展正在逐步变革农业生产方式、农村经济模式，提高农民生活水平。新的信息技术革命，正以难以置信的速度渗透到中国农村社会的方方面面，助推乡村振兴战略的实施和推进。根据中国互联网络信息中心数据，截止到2024年12月，中国农村地区网民的规模达到了3.13亿，占比28.2%，农村互联网普及率上升至67.4%。农村互联网应用快速发展，使得农民生产生活发生了翻天覆地的变化。农村电子商务的发展大大加快了工业品下行和农产品上行的速度。农业生产逐步实现了数字化管理，从农业生产资料的购买，到生产过程中的施肥、浇水及病虫害预防，实现了全过程的网络信息监控和覆盖，不但降低了农民的劳动力成本，而且大大提高了资源利用率和生产效率。通过农村信息网络，农民可以实现网上购物、网上销售农产品、水电费网上支付、网络购票等。另外，随着我国农村信息化程度的不断提高，信息扶贫和网络扶贫成为农村地区开展精准扶贫工作的重要方式和重要途径。

然而与发达国家相比，中国农村信息化起步晚、基础弱、水平低。信息技术在推动农村信息化方面，虽然取得了一定成效，但是由于信息技术的作用没有完全发挥，距离智慧乡村目标的实现还有较大差距。这主要表现在：（1）由于缺乏市场竞争的压力，政府相关农村信息服务部门，对于农村信息服务供给缺乏内在动力和前瞻性规划。（2）农村信息服务的投入产出不成正比。在农村信息基础设施方面投入了大量资金，但是从信息应用效果看，远远没有达到预期。（3）在农村信息服务供给方面，虽然建立了很多服务平台，但是大多流于形式、实用性偏低，不能真正为农民提供所需的信息服务。（4）农村信息服务人员的安全意识淡薄、无法保证重要信息的安全性、农村信息服务部门职能不完善、信息服务人员素质不高问题等都阻碍了农村信息的应用。（5）农民信息素质普遍偏低，导致网络接入率高而应用率低的现状。因此，当前信息服务供给不能满足农民日益增长的多样化信息需求，农村信息服务模式创新亟待突破。

当前以政府为主体的信息服务供给模式没有很好从市场化角度分析供需双方的利润分配，同时忽视了信息需求主体的需求意愿。从国家对农村信息化的重视程度看，农村信息基础设施的高额投入，并没有促进农村信息服务的普遍应用，对农村经济发展的推动作用也收效甚微。农村信息服务的供需不均衡问题主要体现在以下方面：

（1）农村信息服务供给不足导致区域农村信息供需面临的环境差异明显。传统农村信息化的测评无法客观反映当前农村信息供需环境的现实，如信息化指数、信息社会等都缺乏对信息主体的考虑。

（2）对农村信息服务的需求影响因素需要重新审视。由于区域农村信息服务供需环境差异的客观存在，农村信息需求也变得更加复杂。加上农村信息需求主体特征存在差别，如年龄、性别、经验及文化水平等，都会影响其信息消费观念和信息需求意愿。在客观和主观多种复杂因素共同影响下，如何制定有效的供给策略和供给模式是农村信息服务供需亟待解决的问题。

（3）对农村信息服务需求主体的主观意愿需要加强引导。"互联网+"时代的到来，大大促进了农村信息服务供需环境的改善。信息革命的到来，以 5G、大数据、人工智能、物联网、区块链技术为代表的信息技术为农村信息供需矛盾的解决提供了强有力的技术保障。对农村信息主体而言，单纯的语音通话和手机短信已经不能满足他们日益增长的生产生活信息需求。一方面，农民对信息内容的需求呈现出多样化和个性化的特征；另一方面，受自身文化水平和消费意识的影响，农民对信息的识别能力不足，一旦经历信息安全问题，未来会持更加谨慎的态度，增加了信息服务供给的难度。因此，如何引导农民信息服务的需求，为农民提供更加精准、有效的信息服务成为关注的焦点。

（4）现有农村信息服务供给模式束缚了服务效率的提升。从新公共服务理论视角，当前以政府为主体的农村信息服务供给模式中，政府更多提供免费信息服务，虽然投入较大，但由于缺乏市场竞争和内在激励机制，农村信息服务的实际应用效果并不理想。如何从行动主体方面实现农村信息服务供给模式的改革与创新，充分发挥市场机制的作用，通过各方利益最大化的博弈，提升农村信息服务供给效率，进而促进农村经济的发展，显得异常重要。

基于上述问题，本书从信息经济学的供给和需求理论出发，以 A 县为例，从供给侧和需求侧分别分析了农村信息服务的供需特性，研判农村信息服务供需不均衡问题，提出基于数据挖掘的农村信息服务均衡模式，旨在探索农村信息服务的需求与供给间互动关系，正向引导农村信息需求，提升农村信息服务供给效率。

1.2 研究意义

农村信息化是实现智慧农业的必然之路。在"十四五"时期，农村信息化成为推动乡村振兴和农业农村现代化的重要支撑，智慧乡村的建设与农村信息化也息息相关。国家政策将农村信息化提升到了前所未有的高度，《中华人民共和国国民经济和社会发展第十四个五年规划和 2035 年远景目标纲要》《"十四五"国家信息化规划》《"十四五"推进农业农村现代化规划》等文件明确提出推进农业农村信息化建设，强调通过信息技术与农业生产的深度融合，推动智慧农业的全面发展。此外，《数字乡村发展行动计划（2022—2025 年）》和《"十四五"全国农业农村信息化发展规划》进一步细化了数字乡村建设的目标任务和政策举措，分别提出"为农民提供生产生活信息服务"，"满足农民生产生活信息需求"。然而根据《中国信息社会发展报告》，中国当前正处于从工业社会向信息社会的转型期，整体信息化指数不高，而且我国东中西发展水平指数差距明显，农村信息供需不均衡矛盾依然突出。

A 县地处平原与山区结合处，农村人口占比 61.49%，2023 年地区生产总值为 1 201 亿元，增速为 6.5%，全年农林牧渔总产值为 450 亿元，占地区生产总值的 37.5%，因此涉农问题是关系 A 县经济社会发展的重中之重。信息化方面，固定电话用户 1.8 万户，城乡居民百户拥有固定电话 16 部，移动电话用户 35.5 万户，城乡居民百户拥有手机 320 部，互联网接入用户 5.5 万户，互联网普及率超过 70%，高于河北省的平均水平。近年来在河北省政府的政策支持下，A 县大力发展旅游业，经济得到快速发展，并于 2019 年率先摘帽国家级贫困县。由于受到多种因素的综合影响，A 县信息化发展水平整体偏低，农村信息供需不平衡问题依然存在，对经济发展没有起到应有的促进作用。因此，本书选择以 A 县为例，结合农村"互联网+"的创新与发展，对农村信息需求与服务模式开展前瞻性的思考与研究，以期为我国农村信息服务供给效率提升提供一定的理论和实践参考。

（1）理论意义方面。从现有农村信息供需相关理论的研究成果看，多数集中在宏观上对农村信息化水平的评价以及农村信息化对经济发展的促进作用，另外有关农村信息服务的宏观模式的成果较多。虽然有关农村信息需求影响因素的研究很多，但是对相关因素的判别中存在重复信息以及可信度不高的问题。在微观上多是单一理论支持下对信息技术采纳意愿的研究，对农村主体的信息服务需求意愿研究中考虑多理论相关因素的交互作用不足，且缺少相关的理论分析框架。本书基于信息经济学的供给需求理论，明确农村信息环境的概念，从反映当前农村信息供需实际出发，构建了基于客观因素与主体特征相结合的农村信息供需环境测评体系，并建立一种多种理论支持的农村信息服务主观需求模型，同时构建了市场机制下政府主导、第三方追随的农村信息服务供给模型，为相关问题提供理论基础和分析框架。

（2）实践意义方面。在需求层面，当前农村信息服务供需环境存在的问题以及农村信息主体的自身因素，导致农村主体的信息服务需求意愿和农村信息的应用情况没有达到预期。在供给层面，当前政府主体农村信息服务供给模式，缺乏内在竞争动力，整体服务效率不高。因此本书以 A 县为例，从供需均衡理论出发，分析农村信息服务的供需特性，研判农村信息服务供需不均衡问题；建立一种能够去除重复信息和通过显著性检验的农村信息需求影响因素分析模型；从技术实施角度提出一种农村信息服务均衡模式，为我国农村信息服务供需矛盾的解决提供一种方法和思路。近年来国家发布的促进农村信息化建设相关政策见表 1-1。

表 1-1　　　近年来国家发布的促进农村信息化建设相关政策

文件名称	涉及农村信息化的内容	发布部门	发布年份
《国家信息化发展报告（2023年）》	总结数字乡村建设的阶段性成果，强调数字技术在乡村振兴中的重要作用，提出未来数字乡村建设的重点方向	国家互联网信息办公室	2024
《关于推动农村电商高质量发展的实施意见》	提出推动农村电商与数字乡村建设深度融合，完善农村电商基础设施，培育农村电商新业态，提升农村电商公共服务水平，助力农村产业发展和农民增收	商务部、农业农村部等九部门	2024
《关于实施乡村振兴战略的意见》	强调信息化在乡村振兴中的支撑作用，提出加快农村信息基础设施建设，推动信息技术在农业生产、农村治理、公共服务等领域的深度融合，提升农村信息化水平	中共中央、国务院	2018
《关于加快推进数字乡村建设的指导意见》	提出加快农村信息基础设施建设，推进农村宽带网络覆盖和5G网络应用；推动农村信息服务体系建设，提升农村教育、医疗、文化等公共服务信息化水平；加强农村数字治理，推动乡村治理智能化	中央网信办、农业农村部、国家发展和改革委员会	2023
《数字乡村发展行动计划（2022—2025年）》	到2025年，数字乡村建设取得重要进展，乡村4G深化普及、5G创新应用，城乡"数字鸿沟"大幅缩小，乡村数字基础设施逐步完善，乡村数字经济快速发展，乡村数字治理体系基本完善，乡村公共服务信息化水平明显提升	中央网信办、国家发展和改革委员会	2022

文件名称	涉及农村信息化的内容	发布部门	发布年份
《"十四五"全国农业农村信息化发展规划》	明确到2025年，农业农村信息化水平显著提升，农业生产信息化率达到30%以上，乡村治理信息化水平大幅提升，农村信息服务体系更加完善，数字乡村建设取得阶段性成果	农业农村部	2022
《"十四五"推进农业农村现代化规划》	强调通过信息化手段提升农业生产智能化水平，推动农村电商发展，完善农村物流配送体系，加强农村数字治理和公共服务信息化建设，促进城乡融合发展	农业农村部、国家发展和改革委员会	2021
《"十四五"国家信息化规划》	加快数字乡村建设，推动农村信息基础设施升级，提升农村地区网络覆盖和服务水平，推动信息技术在农业生产、农村治理、公共服务等领域的广泛应用	商务部、农业农村部	2021

1.3 研究目的

本书的研究目的在于解决当前农村信息服务需求与服务供给的不均衡问题。在已有研究基础上，从供给侧和需求侧视角研判农村信息服务均衡问题，并通过实证方法从客观和主观视角深入分析需求侧，同时建立供给侧行动主体供给模型，探讨农村信息服务的均衡模式，为我国农村信息服务模式的创新和供需矛盾的解决提供策略建议，并从经济学的供需理论视角提供一套农村信息供需的理论分析框架和模型工具。本书拟解决的关键问题如下：

（1）认知层面。"信息化"的概念引入我国，应该追溯到20世纪

80年代，而农村信息化的起步更晚，从1996年全国第一次农村经济工作会议明确了农村信息化建设的方向，到如今乡村振兴战略的实施已经走过了29年时间。当前我国农村信息服务供需面临的环境如何？有什么样的发展趋势？导致农村信息供需现状的原因是什么？本书将从认知层面对上述问题进行研究分析。

（2）需求侧。我国经济经历了高速发展的阶段后，进入了全新的发展时期——新常态，新常态下农村信息服务供需面临的环境也随之发生了变化，与之紧密相关的农村信息服务需求是否发生了变化？影响农村信息需求的主客观因素有哪些？在农村信息服务供给充足的现实条件下，这些因素如何影响农村信息服务的需求侧？这些问题成为本书研究的重点。

（3）供给侧。当前农村信息服务供需不均衡的现实下，政府主体农村信息服务供给模式效率偏低的问题如何解决？如何满足农村主体信息个性化和多样化的需求？本书通过相关研究来探讨这些问题。

1.4　研究内容

本书重点研究农村信息服务的供需不均衡问题，根据上述研究思路，主要研究内容如下：

第1章绪论。首先，阐述了农村信息服务需求与供给矛盾问题，发现农村信息服务模式创新的迫切性。其次，综合评述农村信息服务的需求与供给相关研究，发现当前研究文献存在的问题和不足，在此基础上明确了本书的主要研究内容，选择并确定研究方法和技术路线。最后，总结本书的创新点。

第2章理论基础与文献综述。首先，介绍了当前农村信息环境相关的评价指标体系和方法。其次，针对农村信息需求的研究，从需求内容、获取渠道以及主观意愿对相关文献进行了梳理和分析。最后，针对农村信息服务的研究，从信息服务供给和服务模式两方面对相关理论和方法进行评述研究，为后续研究提供理论基础和依据。

第3章农村信息化需求与服务现状分析。从城乡和区域发展的均衡性分析我国农村信息化发展现状，基于农民信息需求的内容、信息获取的渠道和农民信息的应用分析农民信息需求，从农村信息基础设施建设和政策导向分析农村信息服务的现状。同时，分析农村信息环境的影响因素并进行检验，构建评价模型对农村信息环境进行评价分析。

第4章农村信息服务问题研判：需求侧与供给侧。从需求侧分析了农村信息服务的需求一般性和特殊性，从供给侧分析了农村信息服务的供给的一般性和特殊性。在此基础上提出当前农村信息服务面临的问题——供需不均衡问题，并基于供给和需求分析了供需失衡的诱因。

第5章农村信息服务需求侧分析：客观视角。考虑到农村信息服务客观需求影响因素的复杂性和多样性，针对遴选的影响因素，基于前置偏相关分析和后置ROC检验的方式构建了农村信息影响因素的Probit判别模型，以A县为例确定了与农村信息服务需求相关关系显著的24个因素。一方面，消除了携带高度重复信息和相关关系不显著的因素影响；另一方面，结果具有更高的可信度。

第6章农村信息服务需求侧分析：主观视角。农村信息服务的主观需求既是农村信息服务需求最重要的环节，也是农村信息服务的供给目标。因此考虑基于技术接受理论、计划行为理论、创新扩散理论、信任机制理论和成就目标定向理论构建农村信息主观需求模型，从多种理论中演化出相关变量，进行命题假设和题项设计，检验问卷的信度和效度，确定统计分析方法。以 A 县为例利用调查问卷数据，运用结构方程模型，对农村信息服务主观需求的各种影响因素进行检验，同时验证农民的年龄和经验特征作为调节变量对农村信息服务主观需求的间接作用。

第 7 章农村信息服务供给侧分析：行动主体视角。农村信息服务的供给是供需矛盾的一个方面，有效的农村信息服务供给能在一定程度上缓解和改善供需不平衡问题。首先，对三种主要的农村信息服务供给模式进行评价。其次，对农村信息服务部门进行了调查，分析农村信息服务的供给影响因素。最后，构建了农村信息服务的供给侧分析模型，从博弈视角研究了政府、企业、第三方及农民间的互动关系，并以 A 县为例对模型进行了验证和分析。

第 8 章完善农村信息服务的对策及建议：供需均衡视角。首先，通过建立农村信息服务需求与供给的一般模型，探讨了农村信息服务需求与供给不平衡的成因及对策。其次，分析并借鉴了国内外现有农村信息服务的供给模式。最后，尝试进行农村信息服务供需均衡模式创新，从农民个性化和多样化需求出发，建立基于数据挖掘的农村精准信息服务模式，并给出了实现路径。

第 9 章结论与展望。总结本书的研究结论，提出我国农村信息服务问题的对策建议，并指出了本书的不足和对未来研究的展望。

1.5 研究方法与技术路线

1.5.1 研究方法

本书使用的主要研究方法包括以下方面：

（1）模型构建方法。这是本书最为倚重的方法之一，构建技术接受理论等支持下的农村信息主观需求模型，揭示影响农民信息需求的主观因素。在进行农村信息服务供给研究中，构建农村信息服务供给的博弈模型，分析政府、企业、第三方及农民间的利润分配关系，以促进农村信息服务供给效率提升。

（2）问卷调查法。问卷调查法一般会与访谈法结合使用，效果会更佳。本书在整个研究过程中四次用到了问卷调查法，分别是农村信息供需环境评价中对信息主体的调查、农村信息客观需求影响因素中的问卷调查、农村信息主观需求影响的相关问卷调查，以及对农村信息服务供给部门的调查。通过问卷调查收集到相当数量且可靠的数据，这为本书的研究提供了有效数据来源和保障。

（3）案例分析法。根据研究需要，选择A县作为个案进行深入分析研究。农村信息主观需求影响因素分析、农村信息客观需求影响因素分析、农村信息服务供给以及农村信息服务均衡模式创新中均将A县作为研究对象，展开对所构建的模型和方法的验证。

（4）仿真实验法。在研究农村信息服务供给模式时，构建了农村信息服务供给的斯坦伯格博弈模型，根据对A县农村信息服务部门的调查结果，进行了参数设定，并利用仿真软件对现实效果进行模拟，得到相应的结论。

1.5.2　技术路线

本书沿着"农村信息服务问题研判：供给侧和需求侧—农村信息服务的需求侧分析：客观视角—农村信息服务的需求侧分析：主观视角—农村信息服务的供给侧分析：行动主体视角—完善农村信息服务的对策及建议：供需平衡视角"的主线开展研究工作，如图1-1所示。

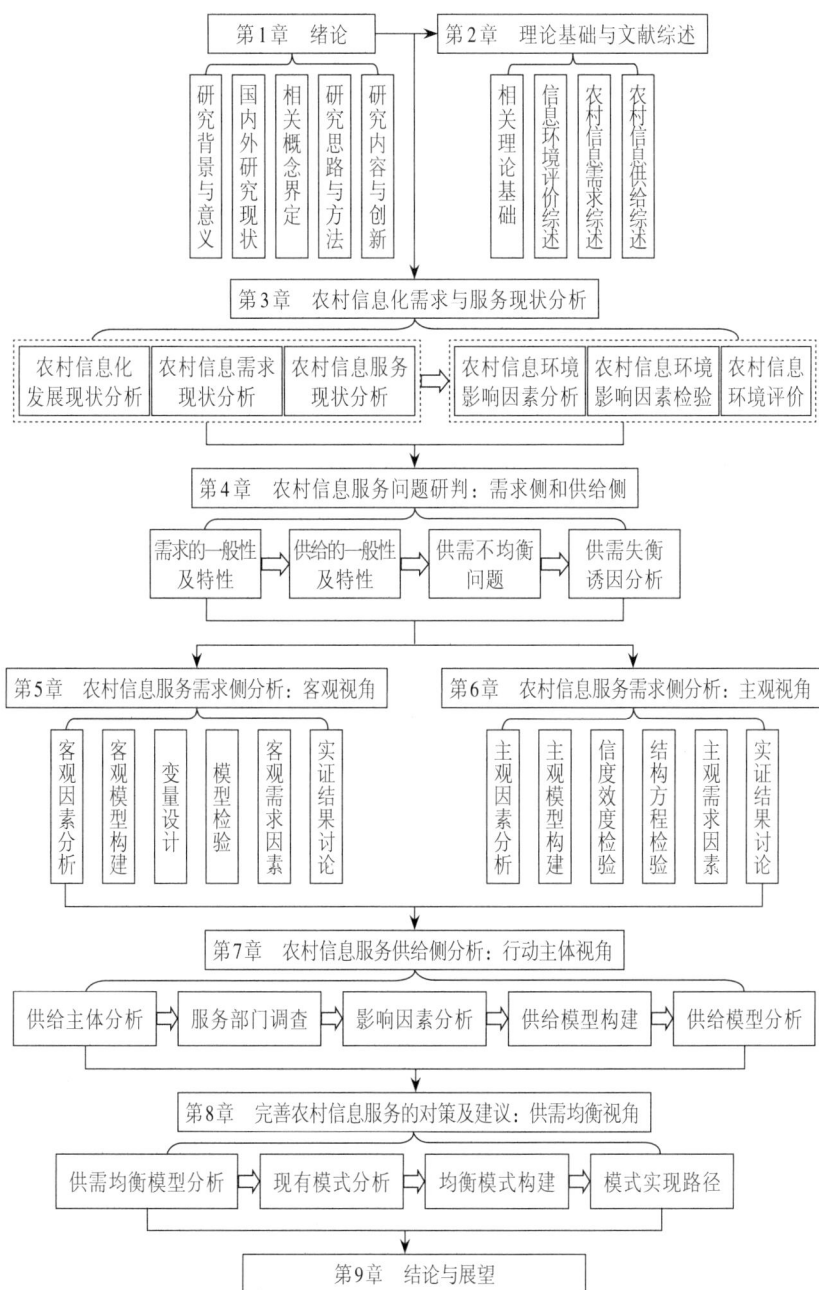

图1-1　研究的技术路线

1.6 本书的创新点

本书较为系统地研究了农村信息服务需求与供给的不均衡问题，结合农村信息服务的供需一般性和特殊性，从需求侧，分析影响农村信息服务需求的主客观因素；从供给侧，基于行动主体视角，考虑供应链利润最大化下构建政府、企业、第三方及农民之间的博弈模型；从供需平衡视角建立农村信息服务的供需均衡分析模型，并基于数据挖掘方法提出农村信息服务的均衡模式。

本书主要创新点包括：

（1）研究方法新颖。在农村信息服务问题的研判中，考虑从供给侧和需求侧的视角，分别分析农村信息服务的需求特性和供给特性，反映农村信息服务供需不均衡的现实问题和诱因；从主观视角考虑农村信息服务需求影响因素的复杂多样性，基于计量经济学离散选择模型构建前置偏相关分析和后置ROC曲线检验的农村信息需求Probit模型，与传统方法相比，该方法增加前置分析和后置检验环节，不但排除重复信息的干扰，而且提升显著影响因素的可信度，为相关问题的研究提供一种全新的思路和方法。

（2）农村信息服务的主观需求是一种复杂行为，需要考虑多因素的交互作用。本书构建农村信息主观需求理论分析框架，分析行为、心理、信任、创新以及农民特征之间的交互作用。运用结构方程模型对相关研究假设进行了检验，研究结果表明在新公共服务理论下，农村信息服务的主观需求受多种因素的共同作用，同时验证农民的年龄和经验特征作为调节变量，通过其他变量间接影响农村信息服务的主观需求。本部分的理论贡献在于从多种理论中演化出相关变量，引入农村信息服务主观需求模型，通过假设验证不同变量间的复合交互作用，是对现有农村信息技术采纳模型的一种完善和创新。

（3）研究视角新颖。在行动主体视角下研究农村信息服务的供给中各主体的地位和相互关系问题。由于当前农村信息服务政府主体模式下市场作用受到限制，供给效率低下，供需矛盾无法得到解决，因此，在三方主体协同、充分发挥市场机制作用前提下，基于斯坦伯格博弈理论，本书提出一种政府主导、第三方追随的农村信息服务供应链模型，验证了供给主体间的利益分配比例、农民接收便捷敏感度、农民反馈便捷敏感度等因素对供给决策的影响，得出理想状态下农村信息服务供给的最优协同方式，以期解决农村信息服务供给效率不高的问题。

（4）考虑到农村信息服务供需不均衡的现实，结合对农村信息服务的主客观需求和供给分析，建立农村信息服务供需均衡分析模型，探讨农村信息服务供需失衡的成因及对策。从分析结果看，提出的基于 FP-tree 改进的 Apriori 算法不但降低了计算的时间复杂度，而且验证了农民信息需求关联规则的精准性。这进一步证明所提出的模式的有效性。

2

理论基础与文献综述

本章首先对农村信息环境评价的研究进行了综述；其次从信息内容、传播渠道和影响因素等方面对农村信息需求研究进行综述分析；最后从信息服务供给和服务模式方面对农村信息服务研究进行了文献综述。

2.1 理论基础

2.1.1 新公共服务理论

新公共服务理论的典型代表是登哈特夫妇，他们认为政府的职能应该是服务，而非掌舵。他们在公民权理论、社区和市民社会的模型、组织人本主义和组织对话的基础上，对新公共管理理论进行批判，并提出了新公共服务的七大原则：服务而非掌舵、公共利益是目标而非副产品、战略的思考与民主的行动、服务于公民而不是顾客、责任并不是单一的、重视人而不只是生产率、超越企业家身份并且重视公民权和公共事务。

首先，新公共服务理论更加强调了服务的快捷便利性，公民获取服务的难易程度是评价公共服务是否到位的重要标志。其次，信任度体现了公民对政府以及政府提供服务的信任程度；公民非常重视政府服务的及时性和可靠性，公民关心能否第一时间获得所需服务；服务的效率是否得到公民的认可。最后，政府服务还需考虑公平原则。

由此可见，农村信息服务关乎政府、企业、农民以及第三方的利益，各方又扮演着不同的角色。政府在农村信息服务供给中处于主导者地位，政府应该以农民需求为出发点，一方面提供农民真正想要的服务，另一方面要考虑农民是否愿意接受政府提供的信息服务。根据新公共服务理论，在农村信息服务过程中，政府应该充分发挥农村主体的主观能动性，充分调动农民的参与性，深入了解农民的信息需求。同时，政府要吸引企业积极参与和投入到农村信息服务供给中，以市场化运作模式引导并发挥好企业的作用。此外，要鼓励第三方发挥自身优势，起到政府与农民的桥梁作用。

2.1.2 信息经济学理论

信息经济学理论的创立者波拉特给出了信息经济的概念，他认为所谓信息经济，就是与信息从一种状态转换到另一种状态有关的经济活动，它们的价值是客观存在和可以衡量的（叶明，1988）。信息经济学是一门研究经济和信息的交叉学科，主要研究信息在经济中的运动和变化规律。信息经济学的研究分为两条主线——宏观信息经济学和微观信息经济学。

当前信息经济学的研究更多的是微观与宏观信息经济学的结合，更强调信息经济学的应用研究，例如信息商品的生产、交换、消费、分配以及信息资源配置等问题。信息经济学认为信息的不完全导致了市场竞争的不完全，市场竞争关系并不完全依赖价格，市场主体的信息不对称性是客观存在的。信息具有边际效益递增的特性，信息的不完全性使得不同信息间的互补作用发挥到最大，信息市场规模的扩大在一定程度上促进了规模经济的产生。信息服务具有一定的公共产品属性，体现在信息消费的非竞争性和信息收益的非排他性。因此传统经济学中的市场价格机制在信息经济中出现失灵的现象，信息经济学运用非价格机制设计来克服上述弊端。

农村信息服务中信息产品的生产和传播遵循了信息经济学的相关原理和运行机制。农村信息需求客观存在，农村信息市场存在不完全性特征，农村信息供需中的政府、企业、农民和第三方主体间存在信息不对称的现实，农村主体信息采纳意愿与农村信息需求密不可分，农村主体信息采纳意愿成为农村信息需求的感知维度。因此，利用信息经济学可以研究农村信息资源的最优配置和效率最大化问题，解决农村信息供需不平衡的矛盾。

2.2　农村信息环境评价相关研究

关于直接对农村信息环境的评价研究成果较少，多数学者研究集中在农村信息化评价，以及有关农村信息社会指数方面。

最初美国人波拉特提出了一种研究产业的方法，这种方法的关键因素是劳动力结构。由于信息化测评的方法就来源于此，业内人士一致认为波拉特方法是最早的信息化测评方法。该方法通过经济学的视角研究社会的信息化程度，测评指标主要是信息产业在国内生产总值中的比例和从事信息产业的劳动者数量的占比情况。该方法的优点在于对信息部门进行两级划分，信息化测评的时候分别对一级部门和二级部门进行评价。当然波拉特方法也存在不足之处：一是该方法从产生至今已有四十多年的历史，各国经济和社会发生了根本的变化，该方法已经不能适应当前的社会现实。二是波拉特方法在进行测评过程中，对于难以获取的指标数据，采取了主观评价的方式，造成评价结果带有一定的主观臆断。三是波拉特方法对信息行业的细分缺乏一套科学有效的标准。四是波拉特方法更侧重宏观指标，对于信息化中的微观指标缺乏应有的分析。

社会信息化指数是测量一个国家或地区的信息化程度的指标。最早由日本研究人员从社会信息化相关的因素中提出四大类指标，包括信息量、信息装备率、通信主体水平、信息系数。袁俊（2006）在社会信息化指数的基础上，结合我国实践情况，提出了中国特色的信息化测度模型。该研究在当时虽然效果突出，但是时至今日部分指标陈旧、缺乏时效性，同时没有权重设计，无法体现指标贡献。

早期国外学者通过对通信和新技术影响的一般测量和评估以及相关文献的实践研究，发现评估和衡量需要自反性，认为信息社会的测量需要重新耦合测量过程的概念和技术维度，应该通过聚焦于微观层面，形成一个渐进的微观-宏观的理论和模型，进而设计更加有效的衡量指标。

Bogoviz（2018）运用分类法、结构分析法和专有的社会就绪度评价方法，以人口结构中的地理位置、年龄、受教育水平、收入水平和创新敏感性等进行指标体系设计，对俄罗斯信息经济的就绪度进行了评价。该研究的侧重点仅仅是人们对信息社会准备程度的一个大致印象，涉及当前信息环境的客观因素较少，不能有效评估当前的信息环境优劣程度。

Saritas（2017）利用调查法和专家访谈法，构建了基于社会、技术、经济、环境、政治和价值（STEPPV）的理论框架，对全球农业信息化趋势进行了深入分析。该研究在指标设定方面未考虑微观因素，属于宏观层面的趋势评价和预测研究。

杨诚和蒋志华（2009）认为农村信息化测度应当考虑从农村信息化内涵入手，以政策法规和标准作为依据，兼顾农村信息化建设的区域差异性。基于此，该研究提出了由信息网络、信息技术应用、信息资源、信息产业、信息人才等五大要素的28个指标构成的农村信息化水平测评指标体系。也有其他学者从农村信息化水平角度构建了相应的评价指标体系。上述研究主要是针对农村信息化水平建立的测评指标，从设计之初就带有"以评促建"的目的，具有较强的时效性，就目前而言，很多指标已经难以满足需求，同时从内涵上看，它们均缺乏对信息环境中主体因素的考虑。

此外，一些学者从农村信息服务结果的角度，对农村信息的服务现状、服务水平、服务能力以及服务成效等方面进行了评价，研究的焦点大多集中在农村信息服务的效用评估。

综上所述，一方面，从研究对象看，农村信息化和农村信息环境二者存在显著区别，当前的研究成果主要集中在对农村信息化水平、农村信息服务成效，对农村信息环境测评的成果较少。另一方面，从研究方法看，当前主流的方法均侧重于对宏观指标的考虑，往往忽略了农村信息环境的主体特征因素。因此，在研究农村信息服务需求侧相关问题时，对农村信息环境评价的测度理论的研究和借鉴，十分必要。

2.3 农村信息需求相关研究

研究人员对于农村信息需求的研究开始于如何将农业信息技术和病虫害防治信息有效送达农民。随着农村信息需求的不断扩大，这两类信息已经不能满足农民的实际需要。研究人员开始拓展农民所关注的信息种类，从起初的农业技术信息和病虫害防治信息，到农业生产资料信息，再到农产品的市场信息，越来越多的信息类型受到农民的关注。同时，随着农村信息化的不断推进，农村经济得到了长足发展，农村信息需求已经不仅限于满足基本的生产生活需要，更多地扩展到了文化和娱乐领域。因此，研究者将研究的重点转移到农民的信息意识与行为，研究的深度得到加深，研究的广度得到拓展。国外尤其是发展中国家关于农村信息服务供需问题的研究，主要集中在农村信息服务需求和供给两个方面。通过对国外信息服务供需的现状研究发现，农村信息服务供给与需求的不均衡客观存在，主要原因集中在农村信息基础设施相对落后、对农村信息服务需求的了解不充分以及供给的盲目性等方面。

在农村信息服务需求研究方面，多数研究人员利用问卷法对当地居民信息需求状况进行调查，运用实证的方法对农民信息需求进行分析研究。由于这类研究具有明显的地域差异性，方法和成果的可借鉴性不高。如 Latif（2018）采用验证性因素分析方法和结构方程模型，通过调查发现信息和通信技术在巴基斯坦农村地区的传播和采用，主要受到社会、政治、环境、监管、技术、经济和法律等七个因素的深刻影响。Lai（2018）通过在印度尼西亚、缅甸、菲律宾和越南的农村地区平等进行的多国调查，发现智能手机用户对灾害信息的储备和接受情况要远远高于非智能手机用户。Chen（2019）采用相关分析法探讨农户资讯需求与渠道偏好的关系，结果表明，个体特征因素、社会因素和家庭因素对农民信息需求和获取渠道偏好有不同程度的影响。Folitse（2018）通过研究评估了农村地区的信息需求和来源，认为农民在获取信息时面临的一些主要制约因素包括缺乏获取信息的技能、信息资源不足、缺乏信息中心以及农业节目在广播电台播出时间不当。Martzoukou（2018）探讨了农民的信息需求、信息素养以及信息障碍问题，认为信息服务供给需要一个结构化过程，不但要考虑农民的个性需求，还要根据不同阶段进行适时调整。

随着我国农村信息化水平的不断提升，国内学者对农村信息服务的供需问题关注度也越来越高，多数研究都是围绕农村信息服务供需的两个方面分别展开，即农村信息服务的需求侧与供给侧。需求方面，首先，多数研究都是利用对某地区的问卷调查数据，对当地农村信息需求种类进行简单的分析，没有考虑区域农村信息环境的差异性带来的影响，缺乏客观与主观相结合、定性与定量相结合的评价理论框架；其次，在农村信息需求影响因素的主观意愿分析中，多数以技术接受理论和计划行为理论为基础构建分析框架，采用理论较为单一，相关因素的选取过于受到局限，不能客观分析变量组的交互作用；最后，当前大多数研究都是独立关于客观因素或主观因素研究，没有将二者相结合进行研究。例如，郭蕾等（2019）从信息、信息主体及信息环境视角，通过对扶贫信息流通机制的研究，发现信息扶贫效果不明显主要是由信息需求主体与信息服务供给主体间信息素质不匹配造成的。何学松等（2019）通过调查问卷数据，利用交互效应模型，发现农民互联网应用行为和农民的市场意识对其收入提高有明显的促进作用。盛智颖等（2017）利用对家庭农场调查数据，对其信息需求进行了统计，针对农场主个人及家庭特征、生产经营状况及客观环境等方面设计9个变量，研究了有关农场主的信息支付意愿影响因素。龚立群（2017）运用技术接受模型和计划行为模型，从农民的认知、行为和心理三个方面构建了农村信息服务采纳模型，通过实证的方法得出了影响信息服务采纳意愿的相关因素。陈浩天（2017）从扶贫治理的视角，以信息化为基础，构建了贫困农户的分类，发现贫困农户的信息能力较弱，同时低收入农户对扶贫信息的认可度较低。贺倩（2023）基于西北五省份594份农民调研数据，利用二元logistic模型实证分析农民对精准信息服务付费意愿及其影响因素，包括农民的性别、家庭人均年收入、家庭收入是否以农业为主、信息满足感、信息易用性、信息成本以及农民对供给方的信任度等。

2.3.1　农村信息获取相关研究

许多国家都在开展关于农村信息需求的研究，发达国家是这样，发展中国家亦然。这些研究较为一致的结论就是农村信息需求越来越广泛，信息需求的种类越来越多，获取信息的渠道越来越多样化。

早期学者通过研究尼日利亚、印度农村地区的农民信息需求与服务供给，发现电视和广播等媒体是农民获取信息的主要渠道，同时农民对农村信息推广人员以及农村健康服务工作者表现出了极大的兴趣。同时，学者们发现，农村地区信息供给与农民的实际需求存在较大差距，究其原因主要是农村信息基础设施落后、农民信息素质低下以及信息技术极度匮乏，揭示了农村地区的信息技术"真空地带"的客观存在以及信息技术采用的障碍。

Lwoga（2020）通过研究发现，农民信息获取能力不足的原因主要有客观环境因素和个人因素。其中，个人因素中的家庭责任重、地位不高、受教育水平低下以及信息技术能力不足等是最重要的。这为农村信息服务中心的规划提供了最有效的依据。该研究结论也为农村信息供需矛盾的存在增添直接证据。

Blaga（2019）利用罗马尼亚农村居民的调查和实验数据，运用方差分析法发现，经过培训和引导的农民在信息获取的参与度、阅读和理解相关信息方面的自我效能要远远高于未接受培训的农民。该研究中的方法虽然简单，但是该研究很有效地证明农民信息获取与自身素质关系密切，也表明了教育培训在农民信息素质提升中的作用。

Krone（2018）将信息获取与空间接近性理论相结合，研究了地域偏远性与农村信息基础设施薄弱情况对农民信息获取制造的障碍，在对部分农村居民进行调查和定性采访的基础上，研究发现信息技术可以在一定程度上减少空间限制，激发农民的信息获取潜力，同时在农民所使用信息技术的依赖对象或外部联系人确定的情况下，才能发挥应有效用。该研究证明了信息技术在农民获取信息方面的重要性，农民使用信息技术的定向联系人一般为空间内的个人关系，这反映出农民在信息获取中采取了较为谨慎的态度和意识。

Javaid（2017）运用随机采样的调查方法，研究了媒体渠道对农民提供信息的相关性和有效性，结果表明农民使用电视和广播频率最高，但电视和广播的信息媒体作用没有达到应有效果，农民更喜欢从宣传册、报纸、农资供应商及亲友处获取信息。从农民获取信息类型看，气象信息、农作物保护信息、牲畜和播种方法信息等都受到农民的广泛关注。该研究的方法和结果都有很好的参考价值，但是地区的差异性可能会导致结果的完全不同。

Abebe（2019）使用描述性统计、推论统计和二元逻辑回归模型分析数据，评估了影响在埃塞俄比亚使用信息和通信技术进行农产品销售的因素。研究结果表明处于农村信息基础设施完善的地区、有过相对较高受教育经历、接受过相关信息技术培训的农民，更倾向使用现代信息和通信技术（ICT）进行农产品的销售。该研究揭示了农村信息渠道的主观和客观影响因素，为本书探究农村信息需求影响因素提供了基础和依据。

Yaseen（2018）使用多阶段采样技术，研究调查了农户同时使用社交网络、领域扩展、传统媒体以及现代信息和通信技术（ICT）来获取棉花作物生产信息的情况，并通过建立多元概率模型研究了影响各种可用信息源使用的因素。该研究最重要的成果是发现社会经济和政策制度对农民信息来源的重要性。

Mavhunduse（2019）通过调查发现，在提供给农民的各种信息中，信息最重要的米源是农村信息技术推广人员，并且这被认为是最可靠的独立信息源。其他信息来源，例如广播、家庭成员和朋友、农资产品供应商、书籍和杂志，只有在信息可以由信息技术推广人员验证的情况下才被认为是可靠的。该研究也反映出不同地区农民对信息来源的认知情况存在较大差异，需要考虑社会文化背景、农民信息素质等多种因素的影响。

国内研究者对农村信息需求的研究主要集中在信息需求种类、影响因素、信息获取渠道等方面。

早期学者通过对不同地区农民的调查及访谈发现，农村信息需求呈现出日益多样化的特点，覆盖了生产、科技、政策、生活、文化、娱乐等多个方面，同时发现农民获取信息的渠道主要有电视、广播以及邻里朋友交流等。研究过程中的研究方法大多选用了统计学方法，由于区域信息环境存在较大差异，所以调查结果不同，具体体现在农民信息需求类型的不一致。

此外，也有学者在十年文献的梳理研究中发现未来关于农村信息需求特征和影响因素的研究仍然是重点，同时人们对农村信息需求的差异性也会逐步重视起来。在西部地区农村居民的调查研究中，发现学历是影响农民信息需求的重要因素。学历越高，对信息的需求越发强烈，反之越弱。农民学历普遍偏低，这成为农民获取相关信息的重要障碍。井水（2016）通过对新疆农民信息需求的实证研究，发现除了文化因素之外，个体、经济、社会、居住、心理、信息等因素都对农村信息需求有影响。

不同学者从不同角度对农村信息需求的影响因素进行深入分析，发现农村信息需求的显著影响因素，并提出相应对策。上述研究多数采用回归分析的方法，利用检验值的大小来区分因素影响的显著性。从需求分析到可能影响因素的遴选，再到显著性检验，多数研究忽略了因素间的相关关系，这主要体现在不同因素可能携带高度重复信息的情况，同时检验的可靠性未得到进一步的保证。

杨鹏程（2016）依据马斯洛需求层次理论，并结合安徽蚌埠市农民调研数据，将农民信息需求划分为生理信息需求、安全信息需求、社交信息需求、受尊重信息需求和自我实现信息需求，认为当前的服务还不能满足农民多样化的信息需求，很重要的一个原因是农民信息意识和信息收集能力较差。该研究揭示了农村信息供需不平衡矛盾的存在，一方面，信息服务提供方无法满足日益多样化的农民需求；另一方面，农民的信息意识和信息能力束缚了农民的信息获取。

随着移动互联网的普及，中国农村地区的信息传播方式也在发生深刻的变化，从传统的电视、广播、报纸到现代化的网络、手机，手段越来越丰富。另有研究结果表明，农村信息传播手段在逐渐丰富，一批新信息媒介如网络、中介不断涌现。从上述研究结果看，农民获取信息的渠道越来越丰富，但是传统渠道依然占较大比重，信息应用仍然不足，农民的信息意识和信息能力亟须提升。

另外，冯献等（2019）从信息使用者的角度，以京津冀鲁地区为例，对农村信息传播能力进行了评估研究，认为应该从农村信息提供、信息效果反馈和农民信息素养等方面来加强农村信息传播。刘学武等（2017）利用灰色关联的方法证明了双向信息传播与当地经济主要指标关联度较高，建议发展农村双向信息传播渠道。从上述研究结果看，人们已经认识到农民信息反馈的重要性，虽然也提出了一些策略和建议，但是由于当前我国农村信息服务供给的固有模式限制，目前无法从根本上突破这一瓶颈。

根据既有的研究成果和结论，中国农村信息需求客观存在且呈现多样化的趋势。农民作为农村信息需求最重要的主体，由于他们逐步开始从事农业以外的职业，已经在逐步失去传统农民的特征，其信息需求也悄然发生变化。虽然部分地区受到农民自身文化素质的束缚，电视、广播等大众媒体仍然是最受农民青睐的信息传播渠道，但是手机、计算机等新的信息接收方式在互联网的推动下，逐步推广开来。多数学者从农民自身文化水平出发研究农民信息需求的影响因素，也有研究人员从客观环境开始进行了初步的探索，但是基于农民主体因素和客观环境相结合的研究还处于空白阶段。多数研究追求农村信息需求影响因素的多而全，但是很少关注因素之间的相关关系、是否携带重复信息等。同时在农村信息需求客观存在的前提下，人们只关注了通过什么方式、方法提供更多、更全面的服务，忽略了农村信息主体的主观采纳意愿，这恰恰是存在于农村信息需求与信息服务之间的关键因素。

2.3.2 农村信息服务采纳相关研究

1986年，技术接受模型（Technology Acceptance Model，TAM）是 Davis 以计划行为理论为基础，根据感知变量、感知有用性、感知易用性、使用态度、行为意向和最终接受等六个变量建立的模型（如图 2-1 所示），目的是为接受行为的决定性因素提供理论依据。技术接受模型最主要的决定因素是感知有用性和感知易用性。

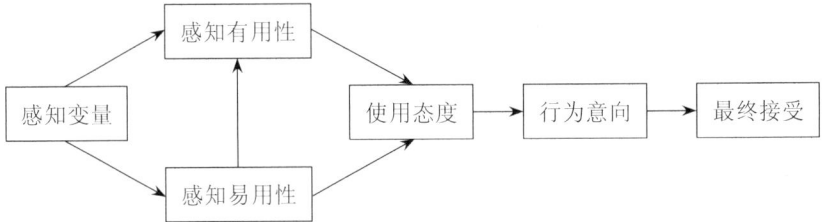

图 2-1　技术接受模型

Venkatesh 等（2000）对 TAM 进行了改进和扩展，突出了感知有用性和使用态度两个因素的重要性，对二者的影响因素进行了深入分析，形成了新的模型——TAM2。Venkatesh 等（2008）在分析了感知易用性影响因素的基础上，对 TMA2 进行了改进，建立了 TAM3。

Oturakci（2019）根据创新扩散理论和多准则综合决策方法的特点，提出了一种新的技术接受模型，用于解释人们对信息系统的接受程度。该研究采用层次分析法对五个特征进行排序和权重设置，采用 TOPSIS 相似性排序技术形成其技术接受模型的自变量。从研究结果看，Oturakci（2019）的综合技术接受模型的最大特点就是灵活且适用性较强。

Verma（2016）研究将同一模式应用于移动农业推广服务中，并验证其有效性。该研究的概念框架基于计划行为理论，利用结构方程模型确定了一种基于技术接受模型的移动农业推广服务接受模型，结果表明感知有用性、感知易用性决定了农民对移动农业推广服务的使用态度和行为意向。在该研究中，技术接受模型的实用性和有效性证明了即使过去了几十年，技术接受模型仍然很突出，依然受研究者青睐。

Jayashankar（2018）为了研究信息技术被农户采纳的原因，探讨了在感知价值和风险中介下，信任对农户信息技术采纳的影响，他们通过建立一个结构方程模型对492名来自美国艾奥瓦州的农民参与的调查的结果进行了检验，结果表明信任与感知价值之间存在正相关关系，信任与感知风险之间存在负相关关系。该研究将农户对农业技术提供者的感知纳入影响因素的范围，讨论了感知价值的不同形式，涵盖了经济价值、绿色价值和认知价值，借鉴了基于价值的采纳要素和技术接受模式。

Adnan（2019）以农业创新为基础，以创新扩散理论（Diffusion of Innovations Theory，DOI）、理性行为理论（Theory of Reasoned Action，TRA）、计划行为理论（Theory of Planned Behavior，TPB）和技术接受模型（TAM）以及沟通渠道为研究对象，对基于农业创新的采纳决策进行了文献综述。回顾结果显示，这一框架强调采用作为一种复杂的行为，需要考虑多因素相互作用，如沟通渠道、社会心理和创新属性间的交互作用。该研究是对现有农村信息技术采纳模型的一种改进，通过假设来验证来自多种理论的变量组之间存在相互作用，如DOI、TRA、TPB、TAM和沟通渠道的结合，克服了目前使用一种用于检验农民采纳决策的理论的不足，为本书中农村信息主观需求的研究提供了借鉴和参考。

Nabhani（2016）在研究影响农民使用手机应用意愿的因素时，除感知有用性和感知易用性之外，在现有技术接受模型（TAM）基础上，引入市场因素和个人因素，运用结构方程模型对调查数据进行分析，结果表明农民的采用意愿受到社会影响力的显著影响，这与社会媒体应用的大规模增长是一致的，其他决定采用的因素是竞争压力和成本认知。该研究的创新之处在于结合了企业因素和个人因素，局限之处同样在于样本来源的地理位置。

Schaak（2018）为研究德国农民在放牧行为方面的采纳意愿，建立了基于技术接受模型（TAM）的结构方程模型。研究结果表明，感知有用性和感知易用性对放牧行为的采用有显著影响，同时个体农场的生产限制和农民对放牧的主观意愿也是重要因素。该研究中最有价值的工作在于采用了对比组实验，通过对接受过信息培训和未接受过信息培训农民的分组研究，发现农民的主观意愿对未受过培训的农民影响更显著，这从侧面揭示了农村信息的传播与农民决策过程的相关性。

Beza（2018）以创新扩散及目标定向为构念，在技术接受模型（TAM）的基础上，探讨了农民对手机短信技术的接受程度，以便提供相关的资讯，同时评估了农民特征在预测农民采用手机短信意图方面的作用。该研究的价值主要体现在基于多种理论的变量构念，同时对农民特征因素的评估。这为本书的研究提供了思路。

国内有学者对技术接受模型的应用进行了综述，将影响技术接受的因素归结为四类：用户特征、环境因素、技术因素和系统因素。该研究不但为相关研究提供了思路和方法，而且揭示了技术接受模型存在的不足，比如未曾考虑区域文化因素的影响，以及很少针对潜在信息接受意愿进行研究等。这为本书的研究提供了方法论和研究空间。

刘威（2016）从农民信息需求类型的不同对互联网采纳行为的影响出发，建立了 Dematel 模型，对不同信息类型影响农民的互联网采纳行为进行了实证研究。该研究是从时间维度按照影响的过程，分直接作用、过程作用和结果作用三个阶段分析农民信息需求对互联网采用意愿的影响。

马凌等（2015）构建了基于计划行为理论、用户创新性和信任机制的农民信息服务采纳意愿模型，以重庆农村为例，运用结构方程对三网融合下农民信息服务采用意愿进行了研究。研究结果表明，农民的创新性和对运营商等信息提供者的信任对农民信息服务采纳意愿影响显著。该研究为本书中农民信息服务采纳意愿研究提供了一种思路。

童洪志等（2018）通过 Agent 建模的方法，以耕作技术为例，研究了政策选择对于农民信息技术采纳行为的影响。结果表明，针对政府补贴、规制及诱导三种不同政策，传统农户和积极型农户的反应存在较大差距。该研究成果揭示了类型或者特征不同的农民对农村信息服务的采纳意愿各不相同，这从侧面印证区域差异性会提高这一结果的可能性。

综上所述，当前对农民信息服务采纳意愿的研究，主要基于技术接受模型（TAM）、计划行为理论等，从不同的视角和侧重点，根据研究的需要设计相应的变量，基于调查问卷数据，利用结构方程模型进行验证。一方面，现有研究考虑影响因素不足，忽略重要变量设计，如潜在影响因素的变量，另外，可以综合考虑目标定向等理论的相关变量设计；另一方面，对农民特征因素影响的研究不足，农民特征在上述研究中已经被发现存在相关性，因此需要在变量设计时综合考虑农民的年龄、性别、经验等特征变量。

2.4 农村信息服务相关研究

对农村信息服务的研究，主要从农村信息服务供给和农村信息服务模式两个方面开展。在农村信息服务供给方面，农村信息基础设施落后、农村信息服务系统缺乏、对农民的信息需求认知不足、农民本身信息素质偏低等导致了农村信息服务有效供给不足的问题。研究人员主要利用调查法、实证分析等提出相应的解决方案，取得了一定的成果，但是问题并未得到彻底解决。例如，Mwantimwa（2019）在考察坦桑尼亚农村使用手机沟通社会经济信息时，发现移动电话在提供信息服务方面的应用受到各种挑战的困扰，应该通过加强农村信息基础设施建设促进移动电话技术在信息无障碍和可用性方面的应用，进而促进农村经济的全面发展。Kosec（2020）在研究中发现信息是政府和公民决策的一个重要组成部分，利用信息可以改善农村地区的治理和公共服务提供，因此提高信息服务的可用性和可靠性将有利于治理的方方面面。Sorinel（2018）认为确保农村经济和社区在地域上均衡发展的一个基本要素是农村信息基础设施的完善，农村信息基础设施的完善可以优化农村信息环境，保证农村信息和通信技术的质量。Adamides（2018）通过研究对农村信息来源中的广播节目进行的评估，以检验特定的社会经济特征与听众的关系，结果显示50%的被测试农民会收听广播节目，年龄对广播收听影响明显，年龄越大则越有倾向性，此外，受教育水平的高低对是否收听广播无明显关联。Mehra（2017）提出了一个基于用户和使用的模型来描述农村小企业的信息状况，验证了农村公共图书馆在本地区小企业经济发展中所发挥的作用，他同时认为应该将图书馆服务和资源重点放在用户的信息需求和信息寻求经验上。Msoffe（2016）认为农民依赖非正式的信息来源，主要有家庭、朋友、邻居、推广人员、研究人员和电台，而限制农民寻求信息的主要挑战是缺乏推广人员、缺乏认识、缺乏信息、缺乏电力、基础设施差。Dirimanova（2018）研究了保加利亚在农业和农村发展中的信息服务模式，针对家族式小企业，通过确定农民对信息和知识的需求，了解参与者及其知识交流方法，介绍相关参与者之间获取知识和信息的过程。然而，所有其他小规模农民利用从非农业活动中获得的知识，并通过其他非正式咨询服务获得知识，小农很少使用科学机构专家的知识和信息。

首先，从供给主体看，当前研究都是基于政府主体模式对信息来源、信息服务内容、服务体系等的分析，缺乏对当前供给模式创新的理论分析框架。其次，从技术实施层面看，当前的农村信息服务模式都是基于互联网技术的宏观架构，缺乏微观层面具有较强实践意义的模式创新。早期学者通过对260篇文献进行梳理分析，发现农村信息服务研究的焦点主要集中在信息需求、信息资源、信息服务模式、信息服务技术和信息服务体系五个方面。吴东颖等（2018）运用文献计量的方法，对国内农村信息服务的主体演进路径进行了分析，发现当前国内关于农村信息服务的研究主要集中在农村信息化、信息需求及信息供给等，同时具体研究主题多与社会宏观需求有关。蒋璐闻等（2018）对发达国家农村信息服务模式进行对比分析，认为我国应该从农村信息技术的开发与应用、发挥政府的宏观调控职能等方面促进智慧农业的发展。工小宁（2020）利用市场双边理论和技术接受模型，从供需视角对农村精准信息服务扩散因素进行了研究，发现提供方的技术易用性感知、自我效能和收益感，需求方对供给方的信任、信息服务有用性、平台易用性以及成本，都产生明显影响。樊振佳等（2019）以天津为例进行调查，从信息服务主体、信息渠道、信息平台、服务方式等方面对有关农村创业的国家政策及实施状况进行分析，结果表明，只有部分农村创业政策得到了实施和落地，主要是由农村信息服务体系与信息需求不平衡造成的。胡瑞法等（2019）通过对7个省份的2 000多个样本的调查，分析了农业社会化服务和信息技术的来源，发现除了农户自身的信息渠道外，政府主导的局面仍未改变，而第三方组织的作用依然不明显。毛薇（2019）以数字乡村建设为背景，基于"互联网+"技术提出了一系列农村信息服务模式与策略。

因此，一方面，国内外关于农村信息服务需求与供给的研究在理论和实践方面都取得了很大成果，为本书研究提供了一定的理论基础和方法参考。另一方面，从国内的现实状况看，基于当前的研究成果，农村信息服务的供需不均衡矛盾并没有得到完全解决。

2.4.1　农村信息服务供给相关研究

早期国外学者通过调查探讨了坦桑尼亚农村地区农民的信息需求和来源，发现农民信息需求主要与农作物和畜牧业、销售、增收有关，农民在很大程度上使用传统信息渠道，如人际交流，而现代的通信方式用于访问非农业信息。该研究的贡献不仅仅在于确定了农村居民的信息需求和来源，更重要的是指出农民的需求不是一成不变的，会随着时间而变化，这为农村信息供给的研究提供了思路和空间。

Omeluzor（2019）采用描述性和探索性研究设计，揭示了尼日利亚农村居民在获取农村图书馆信息方面所面临的挑战，研究结果表明，乡村图书馆是传播政府政策资讯、培养阅读习惯、发展民众技能与知识的最相关机构，然而农村图书馆并未发挥其应有的作用，农村图书馆发展滞后，信息资源和设施不足，这严重阻碍农民信息的获取。该研究不但揭示了农村图书馆在农村信息服务供给中的重要地位，也发现农村图书馆在最新信息材料更新、技术人员数量以及基础设施建设等方面存在不足。

Ray（2019）使用基于定性的多参与者访谈，从两个不同角度探讨了影响印度农村信息服务采用的因素。结果表明：农村信息服务提供商确定的主要因素是满足农民需求、提高感知的实用性、增值选项，进行数据分析以更好地了解农民并改善信息服务的交付。同时，从农民的角度来看，便利性、兼容性、社会影响力以及信息服务增值的可用性对于采用信息服务至关重要。该研究可以帮助农村信息服务供给者更好地为农民提供有效的信息服务，同时促进农民采用信息服务来促进社会经济发展。

陆俊（2018）从政府公共服务信息在供给方面存在需求机制不畅通、保障机制不健全、协调机制不到位以及救济机制不完善四个方面的问题出发，提出政府部门应该通过完善需求表达机制、构建长效支撑机制、建立统筹协调机制、健全信息救济机制，逐步建立完善有效的公共信息服务机制。该研究从宏观视角针对农村信息服务供给中存在的问题提出了解决机制，但该研究仍然是在公共服务的理论框架内的讨论，因此难以突破当前政府主体模式下的机制弊端。

综上所述，农村信息服务供给体系是指政府、信息企业、农民、信息产品、信息传播媒介以及第三方共同组成的一个有机体。当前有关农村信息服务供给的成果和关注焦点，主要集中在信息服务供给中的服务主体、政府角色、信息供给及其有效性等问题。从成果方面看，国外主要是针对信息服务供给的某一方面在较小区域内开展的，都是在微观层面的实践研究。而国内绝大多数研究都是在政府发挥主体作用的背景下，对当前农村信息服务供给模式的改进和延伸，都是针对存在的问题，在当前理论框架内提出宏观性的意见和建议，并且存在可操作性及具体方案不足的问题。

2.4.2 农村信息服务模式相关研究

农村信息服务模式是农村信息服务供给的外在形式，体现了政府、企业、第三方及农民之间的互动关系。

（1）通过农村信息服务模式的变革和创新，可以有效调动和发挥各方的积极性，改善当前农村信息服务供需不平衡的现状。

蒋璐闻等（2018）对国外发达国家的农村信息服务模式进行了对比研究。美国形成了智能化的农业信息服务系统，该信息传播系统中信息收集子系统，能够为农民收集处理相关涉农数据并及时传递给农民；日本构建了具有地域特色的智慧农业系统，通过专业部门对市场信息进行有效传递；法国通过农业数据库的建设，对农村技术成果进行推广，并运用先进信息技术跟踪、分析效果。上述发达国家的成果从智慧精准模式、人才体系及智慧系统等方面为我国农村信息服务供给模式提供了有价值的参考。

Kukar（2019）开发了一个新的基于云的决策支持系统AgroDSS，该系统旨在集成到现有的农场管理信息系统中，并提供一个基于云的决策支持工具箱，允许农民上传自己的数据，利用多种数据分析方法并检索其输出，实现的工具包括带解释的预测建模、精度评估、时间序列聚类和分解以及结构变化检测，可以帮助用户对模拟场景进行预测，并更好地理解系统中的依赖关系。该研究弥补了农业系统与最新决策支持方法之间的差距，允许农民上传数据的做法为实现农民的信息反馈提供了思路。

Muangprathub（2017）通过对印度农村地区土壤信息的分析，对土壤肥力水平进行了预测，并采用C5.0高级决策树（ADT）分类器算法对作物选择和播种提出了建议。该研究从技术实施角度为农村信息服务供给模式提供了参考，更加智能化的信息服务供给更能促进农村信息的有效应用。

王韧等（2017）利用大数据思维助力精准扶贫，以湖南省为例，运用数据挖掘中的决策树分类ID3算法，对保险费用补贴范围进行决策分析，确定对保险补贴波动影响较大的因素，精准确定补贴范围。

该研究是数据挖掘算法在农村扶贫当中的有效应用，为农村信息服务模式创新提供了思路。

王小宁等（2020）构建了供需视角下农村精准信息服务模式，通过对西北五省份的调查数据，运用结构方程模型，验证了农村信息供给方的技术易用性感知、自我效能和收益感知等因素对农村精准信息服务扩散的影响。该研究为农村精准信息服务模式的实现路径提供了依据和参考。

陈浩天（2018）提出要建立扶贫清单的信息共享平台，要从扶贫信息的搜集、管理、加工等构建农村扶贫的数字化信息共享平台。该研究特别强调了信息的精准性，从搜集、管理到监测环节，符合当前农村对信息需求的特点。

郭蕾等（2018）利用访谈和问卷调查的方法调研了农村精准扶贫中的信息需求与服务供给问题，从信息生态的视角剖析了制约扶贫中信息服务的主要因素，基于信息本身、信息主体以及信息环境提出了扶贫中的信息服务策略。该研究提出的信息不对称、农民信息素养偏低以及农村信息供需失衡等制约精准扶贫的因素，与当前农村信息服务中存在的问题是一致的，提出的服务策略对农村信息服务模式有一定的借鉴意义。

樊振佳等（2017）通过研究发现，当前我国农村信息服务体系还存在很大的不足，比如面对当前农村创新创业的热潮，农村信息服务体系已经体现出疲软和独木难支的现状，主要原因是各个服务主体间缺乏沟通机制，导致主体间职能混乱不清，信息企业势单力孤且难以形成合力，同时缺乏精准信息服务模式的支撑。该研究已经开始从信息供给主体的角度探讨农村信息服务模式中存在的问题，同时也意识到精准信息服务模式在技术实施层面的重要性，这些都为未来的研究提供方向性参考。

吴小花（2017）基于当前农村信息基础薄弱、信息公信力不足、农民信息甄别能力有限、信息服务缺乏有效性以及信息渠道单一且不通畅等问题，提出了"互联网+"的农村信息服务体系。该研究提出的信息服务模式，试图为科研人员、服务人员、政府、市场、企业和农民提供沟通渠道，但是在技术实施层没有给出具体的实现路径。

毛薇等（2019）认为，乡村振兴战略下"互联网+"已经成为数字乡村战略的重要手段，基于此提出了"互联网+农业""互联网+乡村治理""互联网+乡村教育""互联网+乡村文化""互联网+乡村医疗"的农村信息服务模式，并从农业产业数字化、农村治理数字化、农村生活数字化三个方面给出了具体对策。该研究提出了多种内容丰富且极具建设意义的农村信息服务模式，但是从落地的角度并没有给出更为详尽的实现路径。

郭美荣等（2017）对现代农业驱动型、农村信息服务推动型、电子商务推动型和综合发展模式的基于"互联网+"的城乡一体化发展模式进行了对比分析，提出加强农村信息基础设施建设、转变农业发展方式、强化农村服务网络和提升农民素质的建议。该研究给出了一种基于"互联网+"的农村信息服务模式架构，从宏观上提出解决当前农村信息服务供给问题的策略，有很强的指导意义，但在实施过程中缺乏微观层面的实践意义。

（2）现有研究中有一些是关于农村信息服务模式的实践及相关的对策建议的。

从实践的角度，农村信息服务模式分为三类：一是政府完全投资并主导的模式；二是完全由市场运行的农村信息服务机制；三是政府和市场相结合的模式。

张瑾（2023）通过总结我国农村信息服务发展经验，结合三亚市农村信息服务现状，从服务主体模式、资源整合、人才培养方面提出农村信息服务实施策略。

国内外农村信息服务模式主要有：一是综合模式，农村信息服务主体利用电子图书馆、农业信息服务平台、农业技术培训或咨询等方式为农民提供综合性信息服务。二是公共信息中心服务模式，主要为农民提供农业发展项目、农业新技术、信息基础设施建设、医疗、卫生、教育等信息。三是政府主导的定向信息推送模式。四是公益组织向农民提供信息服务模式。当前的农村信息服务模式种类纷杂，而真正能够满足农民多样化需求的模式较少，同时绝大多数文献仍然停留在对信息供给方的研究上，缺乏对信息需求方的深入研究，虽然有研究者提出了基于大数据思想的精准化服务模式，但它们都是对宏观架构的探讨，缺乏实践意义。同时，农村信息服务模式还与当前农村信息服务的公共服务属性有关，缺乏市场机制的内在激励。

综上所述，中国农村信息服务体系已经基本建立起来，但是现存的各种问题导致当前运行机制不顺畅，并且运行效率偏低。通过对当前文献的梳理和现有成果的研究发现，改进和优化农村信息服务模式是解决上述问题的关键。中国农村目前的信息服务模式，仍然是以政府主体模式为主，缺乏市场内在激励机制，而且多数研究都是对当前农村信息服务模式的简单"修补"，通常是进行一些相关的调查分析，发现存在的问题，最后提出相关建议，虽然也形成了一些成果，但是对农村信息服务中信息供给不足等问题，作用不明显。要解决中国农村信息供需矛盾的问题，必须对当前农村信息服务供给模式进行大胆的突破与创新，让市场发挥更大作用。从技术实施的角度看，面对当前农民多样化和个性化信息需求趋势的增强，缺乏有效的精准服务模式来满足上述需求。

2.5 本章小结

本章主要对与本书研究相关的文献进行了分类梳理。文献综述部分主要针对本书研究的两个核心问题——农村信息服务需求和农村信息服务供给——展开。农村信息环境评价理论主要针对农村信息服务的供给侧和需求侧影响因素的分析；农村信息需求的研究综述为第5章农村信息客观需求的研究和第6章农村信息主观需求的研究提供理论依据；农村信息服务相关研究综述为第7章农村信息服务供给侧分析和第8章完善农村信息服务的对策及建议提供支撑。

3

农村信息化需求与服务现状分析

本章从研究主题出发，对农村信息化发展的现状进行了分析，从城乡发展差异和区域不平衡两个方面梳理了农村信息化面临的问题；对农民信息需求和信息服务模式的现状进行了深入分析，发掘农民信息需求与农村信息服务之间的不平衡性；结合农民对信息内容、渠道和应用的需求状况，从基础设施和政策导向两个方面分析了农村信息服务的现状；综合考虑客观和主体两方面因素，构建了基于模糊理论的农村信息环境评价指标体系，从不同维度对我国农村信息环境进行了评价分析，为后面章节研究提供了方法和理论依据。

3.1　我国农村信息化发展现状分析

本节主要针对我国农村信息化发展现状进行了分析，从城乡差距到区域发展不平衡，深入分析当前我国农村信息化面临的实际问题，为本书研究的主要问题提供理论和数据支持。

3.1.1　我国农村信息化发展现状

基础设施方面。农村信息基础设施薄弱的问题虽然得到了一定缓解，但是与城市相比差距依然存在。农村信息基础设施的发展水平主要从以下几个方面的指标得到体现：互联网的普及率、计算机数量、移动电话数量。随着移动互联网在农村地区的普及，固话接入量逐年下降，而计算机和彩电的普及率逐年上升。这也说明我国农村地区信息化水平不断提升，农民的生活水平也逐年提高，农村信息化与农民生活水平是互相促进的关系。

农村网民数量方面。随着计算机和互联网技术的发展，农村网民数量逐年增加，尤其是近几年移动互联网和智能手机在农村普及，农村网民数量迅速攀升，缩小了与城镇间的差距。农村网民数量是农村信息化发展水平的重要指标，农村网民数量的不断增加，也说明农村信息化水平在不断提升。

3.1.2 城乡信息化发展不均衡

城乡信息化发展不均衡主要体现在城乡数字鸿沟的存在。城乡数字鸿沟主要是指城镇居民和农村居民在对信息技术的认识、理解和应用方面存在的差距。城乡数字鸿沟不仅体现了城乡经济发展水平的差距，也反映了社会文化、生活水平、生存条件等各方面的差距。根据国家信息中心的研究，对城乡数字鸿沟的评估，主要从互联网、移动电话等方面开展，通过对上述数据的采集分析，来评价城乡数字鸿沟的程度。

互联网普及率是城乡互联网差距的最重要的测评指标，互联网普及率越高，区域网络应用越发达。反之，互联网普及率越低，区域网络应用越落后。城乡互联网普及率的差值是城乡之间互联网差距的最直观的体现。根据中国互联网络信息中心发布的《中国互联网络发展状况统计报告》，截止到2024年12月份，中国农村网民规模为3.13亿人，占整体网民数量的28.2%，与2023年年末相比增长204万人，增幅为1.0%。从这一数据可以看出，城镇网民的数量远远高于农村网民数量，同时从增长率看，城镇网民增长率远超农村网民增长率。这说明城镇网民在数量和增速上都保持了较高的水平，一方面城镇在经济和社会发展方面远超农村，另一方面随着中国城镇化进程的不断推进，城镇人口的增长也加大了城乡互联网普及率的差距。

从2018—2024年城乡农村互联网普及率对比情况看（如图3-1所示），城镇互联网普及率从2018年的72.7%增长到2024年的85.3%，农村互联网普及率从2018年的36.5%增长到2024年的67.4%，均呈逐年增长的趋势。从图3-1中的两条曲线可以看出，农村互联网普及率的增长率要高于城镇。

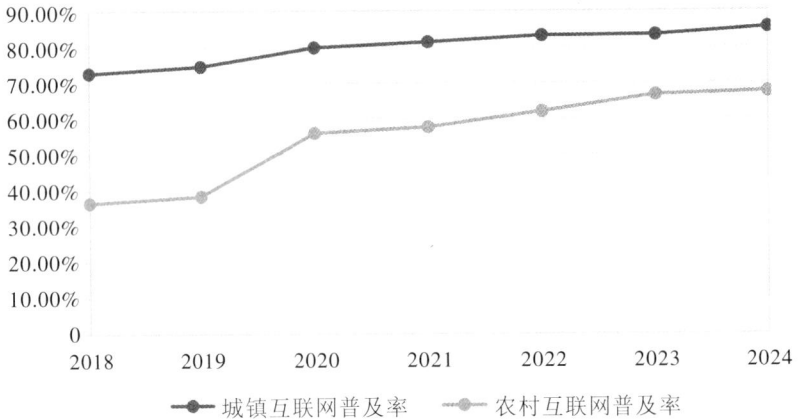

图 3-1　2018—2024 年城镇与农村互联网普及率对比

数据来源：中国互联网络信息中心发布的《中国互联网络发展状况统计报告》。

从图 3-2 中可以看出，在绝对值上，2018 年城镇与农村互联网普及率的差距为 36.2%，到 2024 年这一差距缩小到了 17.9%。从趋势上看，2019—2020 年差距拉大的速率较高，但是从 2020 年开始差距逐步缩小，拉大速率逐步平缓。

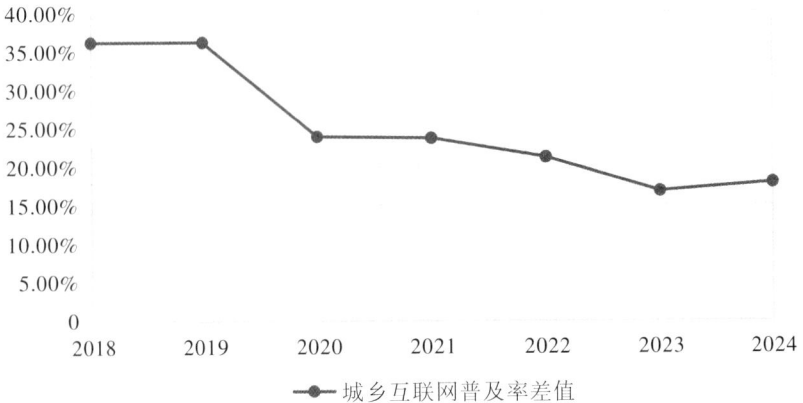

图 3-2　2018—2024 年城乡互联网普及率差值变化

从上述分析发现，农村与城镇互联网普及率的差距虽然变小，但是差距仍然很明显。差距拉大速率降低的主要原因：一是，城镇中具备上网能力和上网条件的个人或者家庭多数已经上网，而随着城镇化进程的不断推进，城乡差距逐步缩小了；二是，由于智能手机终端和移动互联网在农村地区的普及，农村互联网普及率大幅度提升。城乡互联网普及率之间的差距依然存在的原因也比较多，受到上网方式、上网手段、上网场所以及操作技能等多因素的影响，城镇条件要远远优于农村地区。

综上所述，城乡数字鸿沟在互联网普及率方面体现得更为明显。然而，随着城乡收入差距的缩小，农村移动电话每百人拥有数量，已经逐步赶上甚至反超城镇水平，体现出了城乡数字鸿沟逐渐缩小的趋势。因此，可以看出，城乡数字鸿沟客观存在，但是已经出现了差距缩小的趋势。

3.1.3　区域信息化发展不均衡

由于中国城乡二元结构的客观现实，城乡数字鸿沟客观存在，农村信息化发展水平落后于城镇信息化水平。同时，由于受到经济发展水平、自然环境、社会环境以及历史条件等因素的影响，我国区域信息化水平存在较大差异，东、中、西区域数字鸿沟明显。

（1）区域信息化水平与地区生产总值水平呈正相关关系

根据中国互联网络信息中心的《国家信息化发展评价报告》，我国各省份的信息化发展程度与人均地区生产总值呈现正相关关系，其中 $R2=0.630$。根据这一结果，很容易看出，经济发展水平好、人均地区生产总值高的区域，信息化水平也较高；反之亦然。

从图 3-3 可以看出，各省份人均地区生产总值的差距比较明显，东部地区最高，中部地区其次，西部地区最低。这也说明我国信息化水平区域差异性的客观存在。东部省份信息化水平最高，中部省份信息化水平处于中等水平，西部省份信息化水平偏低。

（单位：元）

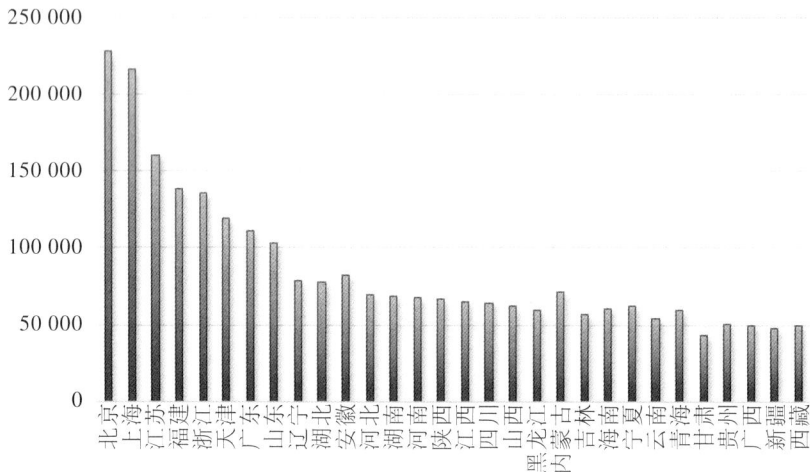

图3-3　2024年我国分地区人均地区生产总值

数据来源：互联网公开数据。

（2）计算机数量差距

我国分地区每百人计算机拥有量是区域信息鸿沟的主要指标，该指标也体现了地区信息化的发展状况。

通过对我国31个省份每百人计算机拥有数量进行了对比分析（如图3-4所示），可以看出，处于东部地区的北京、上海等地的指标数据明显高于其他省份。多数中部省份处于中等发展水平，每百人拥有计算机数量最少的省份主要分布在西部地区。这也从整体上说明了区域数字鸿沟的客观存在，但是中部和西部的差距并不明显。

（3）移动电话数量差距

与城乡数字鸿沟类似，固话数量不再作为区域数字鸿沟的指标数据，而是采用每百人拥有移动电话的数量作为衡量指标。

（单位：台）

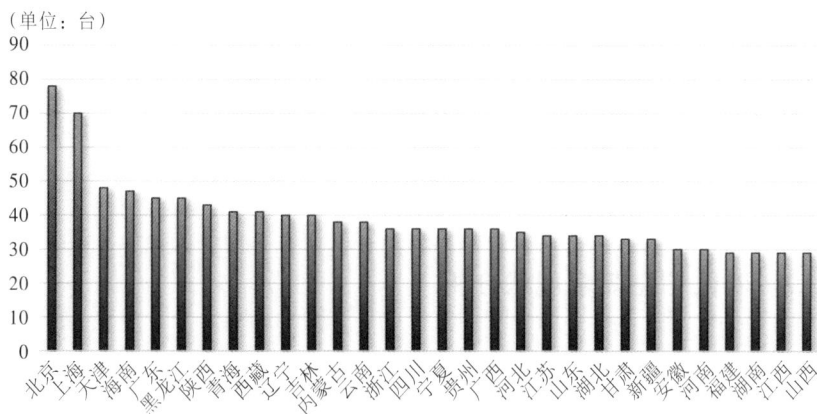

图3-4　2023年我国分地区每百人计算机拥有量

数据来源：《中国统计年鉴2024》。

通过对我国31个省份每百人移动电话拥有数量进行了对比分析（如图3-5所示），可以发现，除北京、上海明显高于其他省份外，我国31个省份存在一定的差异，但是这种差异非常微小，甚至出现一些西部省份超越了中东部省份，比如宁夏和陕西成为指标数据较高的西部省份。这说明该指标反映的区域数字鸿沟在进一步缩小，原因可能与地区收入差距缩小及手机价格下降有关。

（单位：台每百人）

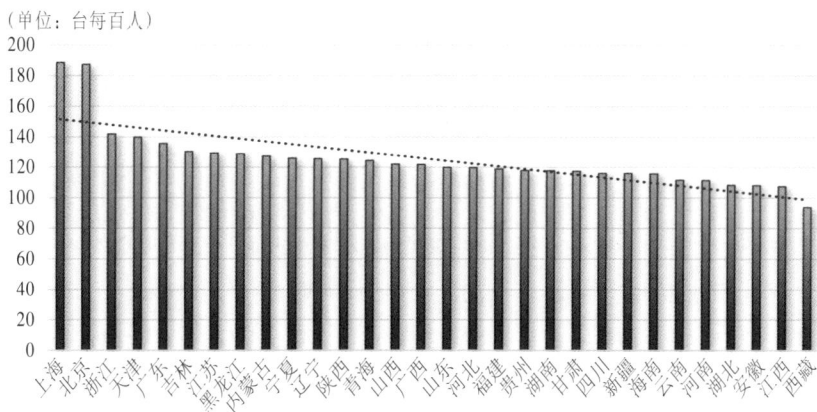

图3-5　2023年我国分地区每百人拥有移动电话数量

数据来源：《中国统计年鉴2024》。

综上所述，从人均地区生产总值、每百人计算机拥有数量、每百人移动电话数量三个指标的对比分析，发现我国区域数字鸿沟是客观存在的，也说明我国信息化发展不平衡是多种因素造成的。

3.2 农民信息需求现状分析

通过对我国农村信息化现状的梳理和分析发现：农民信息需求的内容和类型呈多样化的趋势，对农业生产类信息的需求依旧旺盛，同时对娱乐消费信息的需求逐步加大；随着移动互联网的普及和智能手机终端价格的下降，农民信息的获取渠道也逐步从电视、广播等传统渠道转向手机端；从农民信息的应用情况看，从一支独大的农业生产应用逐步形成生产应用和精神文化生活应用并重的局面。

3.2.1 农民信息需求的内容

许多研究人员对农民信息需求进行了调查研究，本节通过文献梳理的方式对农民信息需求的类型和内容进行梳理和总结，结合当前农村信息化的现状，找出当前农民信息需求的类型及趋势。

早期，国内学者通过对陕西、贵州、山东、宁夏、辽宁等地农村居民的调查，发现农民信息需求呈多元化趋势，农民不仅仅局限于传统的生产技术信息，同时开始对新闻时事、休闲娱乐和流行资讯等信息更加关注；农民信息需求存在多元化、综合化和差异化的特点，从整体上农民最关注的是农业生产技术、医疗卫生和气象灾害预测信息，其次是政策法规、新闻时事和市场信息，再次是生活百科信息，最后才关注文化教育和娱乐信息。总之，通过文献梳理和调查，当前农民信息需求的种类大致可以归纳为三大类：生产信息、生活信息和其他信息。具体分类见表3-1。从需求的重要程度看，农业生产信息仍然是农民需求最旺盛的信息类型。比如农业新技术信息、病虫害防治信息、农资信息等与农民收入息息相关的信息被视为最重要的信息。随着农民收入的增加和生活水平的提高，农民生活信息的需求逐步增加，比如文化信息、娱乐信息越来越被农民重视。其他信息，比如教育培训、政策法规、时事新闻等信息的比重也有所增加。

表 3-1 农民信息需求种类

农业技术信息	病虫害防治信息	农资产品信息	气象报告信息	农产品市场信息	生活用品信息	文化娱乐信息	教育培训信息	政策法规信息	外出务工信息

3.2.2 农民信息获取的渠道

国内有学者通过调查问卷发现，农民获取信息的主要渠道是电视，但是年轻人开始通过计算机、互联网来获取各种信息来满足日常生活需求，同时，图书和报纸仍然在农民信息获取渠道中占有一席之地。也有部分学者认为农民信息获取渠道以电视、手机、村广播以及亲朋好友传播为主，其次是从互联网渠道进行信息获取，再次是广播、报纸杂志等传统媒体渠道，而政府推广和专家培训等较少。还有一些调查人员通过调查研究发现，电视、广播、邻里口头传播仍然是农民获取信息的主要途径，政府信息推送和互联网信息获取为第二层次获取渠道，报纸杂志是农民不常用的信息获取渠道，而电话、短信等是农民最不常用的信息获取渠道。除此之外，国外有研究人员发现农民最主要的信息获取渠道是广播电视，另外，邻里亲朋口头传播也是农民信息获取的重要途径，而通过报刊图书和互联网获取信息的农民比重较低。也有研究人员通过调查认为，电视、广播、图书杂志等传统媒体仍然是农民获取信息的主要渠道，互联网、手机及其他新媒体也逐步被农民认可，农民使用率呈现上升趋势。通过研究表明，电视、电话是农民获取信息最主要的渠道，邻里亲朋信息传递是农民获取信息的第二大渠道，报纸杂志由于信息量和信息时限的局限不被农民接受，同时，政府信息渠道的利用率也普遍较低。

综上所述，农民获取信息的最重要的渠道仍然是电视和广播；手机和互联网等媒体渠道正在被越来越多的农民接受；随着农家书屋、农村图书馆的建设，图书、报纸、杂志等传统媒介在短期内不但不会消亡，还会在农民信息获取中扮演更重要的角色。

3.2.3 农民信息的应用

在农村信息化建设中，农民作为最重要的主体，扮演着信息传递和信息应用的角色，同时，农民也是农村信息化建设的最终受益者。农民通过信息的获取和应用，可以提高收入水平，提升自身文化素质，同时，可以促进美丽乡村建设，有助于乡村振兴战略的顺利实施。以互联网应用为例，根据农民使用互联网的目的，可以将农民信息的应用分为信息获取、商务交易、网络金融、网络娱乐和交流沟通五大类。

从表3-2分析可知，即时通信是农民使用最多的互联网应用类型，达到了88.2%，农民对搜索引擎的使用率有了较大提高，农民网络视频用户的规模扩大了20.3个百分点，同时网上旅行预订应用的农民用户数量和使用率也大幅度增长。这一方面反映了农民信息在应用方面的变化，另一方面也说明农村与城镇相比差距依然明显。

表 3-2　　　　　　　2024年农村网民各类互联网应用情况

农村互联网应用类别	具体应用	使用率（%）	用户规模（万）
信息获取类	网络新闻	77.8	15 196
	搜索引擎	77.7	15 187
交流沟通类	即时通信	88.2	17 243
	微博	25.4	4 969
	电子邮件	25.5	4 988
	论坛	11.4	2 228
网络娱乐类	网络音乐	68.3	13 352
	网络游戏	53.5	10 458
	网络视频	66.9	13 078
	网络文学	37.6	7 354
商务交易类	网络购物	47.3	9 239
	团购	15.6	3 049
	旅游预订	24.0	4 687
网络金融类	网上支付	47.7	9 320
	网上银行	36.6	7 161
	网上炒股	4.4	851

注：数据来自2015年的《中国互联网络发展状况统计报告》。

基于互联网信息渠道，综合其他农民信息获取渠道，根据主观意愿，农民信息的应用主要体现在以下方面：

（1）提高收入水平

获取农业生产新技术信息和病虫害防治信息，通过新技术的应用和病虫害的防治，提升农产品的产量；获取农资农机信息，用较低的成本购入化肥、种子、设备等，最大程度地节约成本投入；获取气象预报信息，避免或者减少自然灾害给农产品带来的损失；获取农产品市场信息，有助于提前安排农产品的种植种类，掌握农产品动态市场价格，以获得最大化收益；获取国家相关农业政策信息，根据国家扶持政策，优先安排农业生产活动。

（2）提升文化素质

获取教育培训信息，积极参加相关培训活动，提升自身的农业技能；获取文化娱乐信息，丰富自身的精神文化生活，弘扬社会主义精神文明建设；获取新闻时事信息，了解国内外新闻大事，有助于开阔视野，扩展自身的知识面；获取政策法规信息，有助于了解农业生产生活的相关政策，在法律法规允许的范围内开展农业生产活动；获取生活百科信息，增加生活常识并积累生活经验。

（3）提高生产生活的便捷程度

获取电子商务信息，通过互联网购买生产生活用品，同时通过互联网销售相关农产品，实现农产品的上行和生活品、工业品的下行。

3.3 农村信息服务现状分析

从服务提供的角度，农村信息服务的供给主体主要是通信运营商和政府部门。两者之间是被引导和管理的关系。通信运营商在政府部门的管理和引导下，进行农村信息基础设施的建设，包括电信运营网络与平台搭建、光纤的铺设、基站的建设等，另外运营商针对农村专门开发了适宜产品和品牌，为缩小城乡间的数字鸿沟提供了有力的支撑。政府部门除了对运营商进行管理和指导，更重要的是从政策和资金方面，对农村信息基础设施给予倾斜和保障。

3.3.1 农村信息基础设施建设

信息基础设施是农村经济社会发展的"大动脉",是实现乡村振兴的基石。互联网逐步成为农民学习、生活中获取信息不可或缺的重要手段。无论在高速宽带网络建设方面,还是在网民规模方面,农村都取得了大幅度的增长。

宽带建设迅速推进且成效显著。从全国整体看,运营商的光网改造工程成效明显,光纤宽带规模不断扩大,网络服务能力不断提升。2024年,新建光缆线路的长度达到852.6万公里,全国长度达到7 288万公里;互联网接入端口数量达到12.02亿个,其中,光纤接入端口数量占到11.6亿个。2019—2024年互联网宽带接入端口的具体发展情况如图3-6所示。2024年,全国移动通信基站增长了102.6万个,总量达到1 265万个。

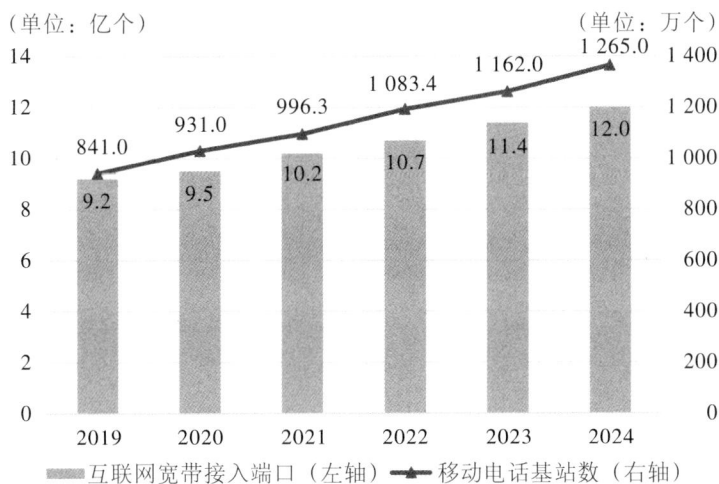

图 3-6　2019—2024年互联网宽带接入端口及移动电话基站数量

数据来源:《2024年通信业统计公报》。

宽带用户数量增长迅速,尤其移动宽带用户数量增长率达到新高。截止到2024年12月底，三大运营商的固定宽带接入用户数量达6.7亿户，与上一年相比增加3 352万户。网络扶贫政策推进，农村宽带用户的数量实现了突破。2024年，农村宽带用户增长了790.5万户，用户总量增至近2亿户，与上年相比增长率为4.1%。农村宽带用户的增长速度远远超过了城市宽带用户。从全国宽带用户数量看，截止到2024年12月底，我国农村宽带用户占全国总用户的29.8%。2019—2024年农村宽带接入用户占比情况如图3-7所示。

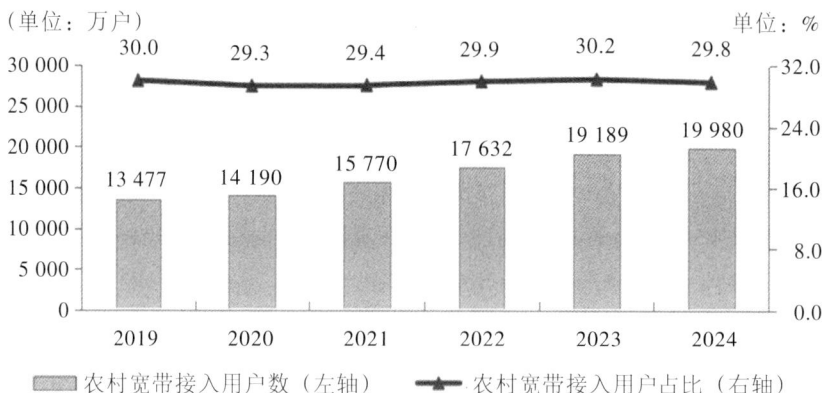

图3-7 2019—2024年农村宽带接入情况

数据来源：《2024年通信业统计公报》。

综上所述，近年来，我国信息基础设施建设取得了显著成效，高速宽带网的建设达到了前所未有的高度，宽带接入数量大幅增长，尤其是在信息扶贫政策的支持下，农村宽带接入数量突破亿级大关，农村网民规模和农村互联网普及率均增长明显。这说明农村信息基础设施有了较大改善，这为农村信息化提供了基础保障。

3.3.2 政策导向状况

科学合理的政策对生产力的发展有巨大的推动作用，所以政策的制定对国家和社会的发展至关重要。通过对1980年以来的中央一号文件进行了深入剖析，笔者发现，农村信息服务的对象呈现多样化特征，服务主体规模扩大，但是二者界定不清晰，服务内容呈现制度化特征，农村信息服务体系逐步形成。过去和当前的农村信息化相关政策，反映了我国农村信息化的现状，是农村信息化发展的重要保障。

从上述政策看，农村信息化正在扮演越来越重要的角色，它不仅已经成为实现农业农村现代化的重要保障，而且关系着乡村振兴战略的实施进程。从整体看，农村信息化相关政策体系逐步形成。中央部委出台了一系列政策后，各地区相关部门也出台了相关配套政策，形成了上行下效的协同机制，营造了良好的政策环境，保证了政策的实施和落地。同时，从政策的出台到具体的实施，再到政策的完善，需要一个过程。目前，我国农村信息化相关的政策也存在一些问题：一是政策缺乏一定的法律保障，需要有关部门对农村信息化的法律法规进行上层架构，为农村信息化政策的实施提供有效的法律依据。二是一些政策不够清晰，虽然多数政策提出了相应的目标、任务等，但是清晰度不够，需要更加量化的指标。三是自上而下的政府驱动型政策制定模式，会出现创新和需求拉动不足的弊端，政策制定者很难获得基层真实需求的相关信息，政策制定存在一定的盲目性。

信息革命为农村信息化带来了重大发展机遇，大数据、物联网、人工智能、5G等新技术的兴起使得信息化从网络化和数字化特征转向智慧化和智能化。更重要的是乡村振兴战略等国家政策的推出，为农村信息化发展提供了广阔的发展舞台。因此，应建立和完善农村信息化政策体系，健全相应的法律法规，以加快农村信息基础设施建设，推动适合农村的信息技术、产品、服务和应用等的开发，实现城乡融合发展。

3.4 农村信息环境的影响因素分析

影响农村信息环境的因素包括宏观和微观两个层面。宏观层面包括经济环境、政治环境、自然环境、地理位置和历史条件等因素；微观层面包括互联网普及程度、计算机接入互联网数量、移动电话拥有数量以及电视和广播普及率等。农村信息环境的优劣又在一定程度上反映了农村信息资源的配置状况，根据本书对农村信息环境的定义，本节从主体和客观两个方面对农村信息环境影响因素进行分析。

3.4.1 影响农村信息环境的客观因素

"互联网+农业"大大推进了农业信息的互联网化，农民可以利用互联网获取最新信息，从而及时掌握农产品等的价格走势，合理安排农业生产活动，同时通过互联网平台进入农村电商生态链，增加自身收益。因此，"互联网+"对于农村信息环境的改进非常明显，根据国内外对于信息评价体系的主要研究成果，我们可以从以下几个方面进行分析研究：

一是农村信息基础设施与技术。农村信息基础设施与技术是农村信息环境的基础资源，高水平的农村信息基础设施与技术也是农村信息环境优化的重要前提，其建设是农村信息环境的重要组成部分。农村与外界通信的主要媒介是移动电话和固定电话，电话线基础设施是互联网接入的主要方式，已通固话的行政村的比重反映了电话基础设施在农村的建设程度，另外电视综合人口的覆盖率能从一定程度上反映信息基础设施建设状况，光纤的铺设率反映了现代互联网的普及状况。

二是农村信息人才。农村信息环境的优化需要有高素质、专业化的人才队伍才能实现。只有拥有高水平的农村信息人才，才能不断促进农村信息化水平的提高。农村科技人员是农村信息环境建设的一支重要力量，是农村信息化不断推进的重要保障，农村大学生具备了较高的专业素质和业务能力，也是未来农村信息环境建设和优化的重要力量。

三是农村信息网络覆盖。农村信息网络覆盖反映了农村信息基础设施的应用状况，具体可以通过农村计算机的拥有量、固定电话的拥有量、彩电的拥有量以及互联网接入数量来反映。

四是农村信息化的投入与产出。资金的投入对经济发展的促进作用显著，同时与农村信息化水平正相关。因此，农村信息化的发展离不开资金的投入，同时，资金的投入会促进当地农村经济的发展。农村信息化的投入与产出可以通过用邮量、电信行业固定投资占全社会投资比重、信息产业固定投资占全社会固定资产投资比重等因素来反映。

3.4.2 影响农村信息环境的主体因素

农村信息环境的最重要的主体就是农民，而农民的信息意识与信息能力是农村信息环境最重要的外部影响因素，这类影响因素包含了农民的年龄、性别、受教育程度、收入水平、家庭状况、地理位置、对信息的认知程度、对信息的接受意识和接受能力等诸多方面。

3.5 农村信息环境影响因素检验模型

关于影响农村信息环境的诸多客观因素，相关领域的专家和学者已经取得基本一致的认识，许多文献已经进行过分析和验证，这里不再赘述。本节主要针对影响农村信息环境的主观因素，通过问卷调查，利用 Probit 模型进行检验。根据检验结果找出主要的和关键的影响因素，摒弃不相关或者影响较小的因素。

3.5.1 离散 Probit 模型

从广义上看，Probit 模型是一种服从正态分布的线性模型。从支持决策的角度，将对信息环境的影响程度作为一个离散变量，把影响农村信息环境的因素按照李克特量表进行设计，划分为五个等级：1=完全没有影响，2=几乎没有影响，3=有一定影响，4=有较大影响，5=有非常大的影响。因此，可以构建出关于农村信息环境影响的 Probit 模型：

$$Y_i = \alpha X_i + \beta \tag{3-1}$$

其中，Y_i 是农村信息环境的决策变量，Y_i 越大说明对农村信息环境的影响越强烈。X_i 为自变量，表示农民的年龄、性别、受教育程度、收入水平、家庭状况等，由影响农村信息环境的客观因素组成向量矩阵。β 表示随机误差变量，该变量服从正态分布，表示被模型忽略，但是对农村信息环境产生影响的总体效果之和。α 表示待估系数向量。在给定农民年龄、性别、受教育程度、收入水平、家庭状况等变量的情况下，α 系数接入的概率可以表示为：

$$P(Y_i = 1) = P(Y_i < \mu_1) = P(X_i'\alpha + \mu_i < \mu_1) = \varphi(\mu_1 - X_i'\alpha) \tag{3-2}$$

$$P(Y_i = 2) = \varphi(\mu_2 - X_i'\alpha) - \varphi(\mu_1 - X_i'\alpha) \tag{3-3}$$

$$P(Y_i = 3) = \varphi(\mu_3 - X_i'\alpha) - \varphi(\mu_2 - X_i'\alpha) \tag{3-4}$$

$$P(Y_i = 4) = \varphi(\mu_4 - X_i'\alpha) - \varphi(\mu_3 - X_i'\alpha) \tag{3-5}$$

$$P(Y_i = 5) = 1 - \varphi(\mu_4 - X_i'\alpha) \tag{3-6}$$

其似然函数为：

$$L = \prod_{i=1}^{n} \prod_{j=1}^{m} [P(Y_i = j)] \tag{3-7}$$

两边取对数：

$$\ln L = \sum_{i=1}^{n} \sum_{j=1}^{m} d_{ij} \ln [P(Y_i = j)] \tag{3-8}$$

根据公式（3-2）～（3-8），可以求得 α 的极大似然解，再用最小二乘法计算参数估计值，进而可以根据Probit概率分布模型，构建农村信息环境影响的模型。

3.5.2 变量设计及命题假设

（1）变量设计

通过构建的关于农村信息环境影响的Probit模型，对相应的变量和指标进行设计和界定，具体见表3-3。

表3-3　　　　　　　　　　变量设计及定义表

变量	变量含义	变量取值	取值含义
Y	对信息环境的影响程度	{1，2，3，4，5}	1=完全没有影响，2=几乎没有影响，3=有一定影响，4=有较大影响，5=有非常大的影响
X_1	年龄	{1，2，3，4，5}	1=18岁及以下，2=19~28岁，3=29~38岁，4=39~48岁，5=49岁及以上
X_2	性别	{1，2}	1=男，2=女
X_3	受教育程度	{1，2，3，4，5}	1=小学及以下，2=初中，3=高中或中专，4=大学专科，5=大学本科及以上
X_4	家庭收入	{1，2，3，4，5}	1=1 000元以下，2=1 000~3 000元，3=3 000~5 000元，4=5 000~7 000元，5=7 000元以上
X_5	家庭成员数量	{1，2，3，4，5}	1=1人，2=2~3人，3=4~5人，4=6~7人，5=8人及以上
X_6	婚姻状况	{1，2，3，4}	1=未婚，2=已婚，3=离异，4=丧偶
X_7	收入来源	{1，2}	1=农业收入，2=非农业收入
X_8	交通状况	{1，2，3，4，5}	1=非常不便，2=不便，3=一般，4=便利，5=非常便利

变量	变量含义	变量取值	取值含义
X_9	对信息的接受意愿	{1，2，3，4，5}	1=抵触，2=不愿意，3=一般，4=愿意，5=非常愿意
X_{10}	对信息的认知程度	{1，2，3，4，5}	1=非常不了解，2=不了解，3=一般，4=了解，5=非常了解
X_{11}	对信息的接受能力	{1，2，3，4，5}	1=非常差，2=差，3=一般，4=较强，5=非常强

（2）命题假设

根据模型中所需的变量设计，对影响农村信息环境的相关因素进行了相关关系的分析，并作出如下命题假设：

假设1：农村信息环境的优劣与农民年龄因素有正相关关系；

假设2：农村信息环境的优劣与农民性别因素有关系；

假设3：农村信息环境的优劣与农民受教育程度有正相关关系；

假设4：农村信息环境的优劣与农民家庭成员数量有正相关关系；

假设5：农村信息环境的优劣与农民家庭收入有正相关关系；

假设6：农村信息环境的优劣与农民婚姻状况有关；

假设7：农村信息环境的优劣与农民收入来源情况有关；

假设8：农村信息环境的优劣与农民居所的交通发达情况有正相关关系；

假设9：农村信息环境的优劣与农民对信息接受的意愿情况有正相关关系；

假设10：农村信息环境的优劣与农民对信息的认知程度有正相关关系；

假设11：农村信息环境的优劣与农民自身的信息接受能力有正相关关系。

（3）数据来源

本节所需的数据来源于对河北 A 县 15 个乡镇 30 个行政村的农民进行的问卷调查。选择 A 县主要考虑的是，从地理位置上看该县 15 个乡镇覆盖了平原、丘陵和山区三种地形，数据有较强的代表性。问卷调查主要借助网络问卷和实地走访相结合的方式来完成。在数据收集过程中，首先利用网络问卷进行初步调查，根据反馈情况，对于数据覆盖相对集中的行政村，进行实地的走访调查，在村委会的协助下，最终完成数据收集工作。通过对问卷进行整理，对回答问题随意、前后自相矛盾以及空白问题较多的问卷进行了摒弃处理，共回收有效问卷 955 份，具体分布情况见表 3-4。

表 3-4　　　　　　　　　　样本分布情况表

所属乡镇	行政村	样本数量	所属乡镇	行政村	样本数量
A 镇	A1 村	43	I 镇	I1 村	48
	A2 村	46		I2 村	29
B 乡	B1 村	37	J 镇	J1 村	38
	B2 村	40		J2 村	19
C 乡	C1 村	41	K 乡	K1 村	56
	C2 村	27		K2 村	48
D 乡	D1 村	31	L 乡	L1 村	21
	D2 村	29		L2 村	24
E 乡	E1 村	35	M 镇	M1 村	41
	E2 村	21		M2 村	17
F 镇	F1 村	39	N 乡	N1 村	25
	F2 村	42		N2 村	16
G 乡	G1 村	33	O 乡	O1 村	21
	G2 村	23		O2 村	11
H 镇	H1 村	29	总计		955
	H2 村	25			

3.5.3 模型结果分析

运用 IBM SPSS Statistic 20 工具，将年龄、性别、受教育程度等 11 个因素作为自变量，农村信息环境为因变量，利用调查问卷数据，进行有效 Probit 模型检验。结果见表 3-5。

表 3-5 　　　　　　　　各因素对农村信息环境影响的检验结果

变量表示	变量名称	系数	P值	相关关系
X_1	年龄	0.0561**	0.0017	正相关
X_2	性别	−0.0224	0.8568	不相关
X_3	受教育程度	0.02815***	0.0004	正相关
X_4	家庭收入	0.1073**	0.0041	正相关
X_5	家庭成员数量	0.0205*	0.0263	正相关
X_6	婚姻状况	0.1848	0.0875	不相关
X_7	收入来源	0.3734*	0.0181	正相关
X_8	交通状况	0.1791*	0.0203	正相关
X_9	对信息的接受意愿	0.1733**	0.0956	正相关
X_{10}	对信息的认知程度	0.233**	0.0148	正相关
X_{11}	对信息的接受能力	0.169**	0.0177	正相关

注：*、**和***分别表示在10%、5%和1%水平下显著。

从上述结果可以看出，X_2 和 X_6 两个自变量与因变量之间不存在相关关系，这说明性别和婚姻状况对农村信息环境没有明显的影响，性别与农村信息环境之间、婚姻状况与农村信息环境之间既不存在正相关关系，也不存在负相关关系，可以从农村信息环境的影响因素选项中将性别和婚姻状况去除。因此，可以证明假设命题2和假设命题6不成立，它们都是伪命题。

同时，除去 X_2 和 X_6 之外，其他自变量都与因变量存在正相关关系，这说明年龄、受教育程度、家庭收入、家庭成员数量、收入来源、交通状况、对信息的接受意愿、对信息的认知程度、对信息的接受能力这九个因素都对农村信息环境产生了明显影响，而且是正向的影响。因此，命题1、命题3、命题4、命题5、命题7、命题8、命题9、命题10及命题11均为真命题。

3.6 农村信息环境评价指标体系构建与评价模型选择

3.6.1 农村信息环境评价指标体系构建

根据对农村信息环境影响因素的分析，我们可以从农村客观基础设施及技术因素和农民主观行为及意识因素两个方面，参照国内外信息评价体系的研究成果，设计6个一级指标和23个二级指标对农村信息环境进行评价，见表3-6。

表3-6　　　　　　　　农村信息环境评价指标体系

评价对象	包含因素	一级指标	二级指标
农村信息环境	客观因素	农村信息基础设施与技术 X_1	固话覆盖行政村比重 X_{11}
			每千人有线电视数量 X_{12}
			每百平方公里光纤长度 X_{13}
			电视综合人口覆盖率 X_{14}
		农村信息人才 X_2	每万人信息人才数量 X_{21}
			每千人大学生数量 X_{22}
		农村信息网络覆盖 X_3	农村每百户拥有计算机数量 X_{31}
			农村每百户拥有电视机数量 X_{32}

评价对象	包含因素	一级指标	二级指标
农村信息环境	客观因素	农村信息网络覆盖 X_3	农村每百户拥有移动电话数量 X_{33}
			每万人互联网用户数量 X_{34}
		农村信息化的投入与产出 X_4	农村人均用邮量 X_{41}
			电信行业固定投资占全社会投资比重 X_{42}
			信息产业固定投资占全社会固定资产投资比重 X_{43}
	主体因素	农民个体及家庭状况 X_5	年龄 X_{51}
			受教育程度 X_{52}
			家庭收入 X_{53}
			家庭成员数量 X_{54}
			收入来源 X_{55}
			居所交通便利程度 X_{56}
		农民意识及能力 X_6	对信息的接受意愿 X_{61}
			对信息的认知程度 X_{62}
			对信息的接受能力 X_{63}

3.6.2 农村信息环境评价指标体系权重确定与模型选择

（1）基于信息熵的权重计算

早期，"熵"是系统微观混乱度的量度。后来，熵的概念被引入信息领域。信息熵就是用来解决信息的度量问题的，同时，信息熵还可以描述事物出现的不确定性。对于多属性问题，我们可以通过信息熵的方式来表征属性的权重。信息熵的具体计算过程如下：

首先，构造决策矩阵 $X = (x_{ij})_{n \times m}$，利用公式（3-9）对该矩阵进行规范化、归一化处理，得到新的矩阵 $Y = (y_{ij})_{n \times m}$。

$$y_{ij} = \frac{x_{ij} - \min(x_i)}{\max(x_i) - \min(x_i)} \tag{3-9}$$

根据信息熵的定义，利用公式（3-10）求得各指标的信息熵 E_j（j=1，2，…，m）。

$$E_j = -\frac{1}{\ln n} \sum_{i=1}^{n} \frac{y_{ij}}{\sum_{i=1}^{n} y_{ij}} \ln\left(\frac{y_{ij}}{\sum_{i=1}^{n} y_{ij}}\right) \tag{3-10}$$

其中，当 $\frac{y_{ij}}{\sum_{i=1}^{n} y_{ij}} = 0$ 时，$\lim\left(\frac{y_{ij}}{\sum_{i=1}^{n} y_{ij}} \ln\left(\frac{y_{ij}}{\sum_{i=1}^{n} y_{ij}}\right)\right) = 0$。

根据公式（3-11）计算属性的权重值 $\omega = (\omega_1，\omega_2，...，\omega_m)$。

$$\omega_j = \frac{1 - E_j}{\sum_{k=1}^{m}(1 - E_k)} \tag{3-11}$$

根据上述步骤，可以得出各个层次中所有指标的权重，建立起基于信息熵的指标权重集合论域。首层因素的权重经计算表示为 $\omega = (\omega_1，\omega_2，\omega_3，\omega_4，\omega_5，\omega_6)$，底层因素的权重经计算表示为 $\omega_1 = (\omega_{11}，\omega_{12}，\omega_{13}，\omega_{14})$，$\omega_2 = (\omega_{21}，\omega_{22})$，$\omega_3 = (\omega_{31}，\omega_{32}，\omega_{33}，\omega_{34})$，$\omega_4 = (\omega_{41}，\omega_{42}，\omega_{43})$，$\omega_5 = (\omega_{51}，\omega_{52}，\omega_{53}，\omega_{54}，\omega_{55}，\omega_{56})$，$\omega_6 = (\omega_{61}，\omega_{62}，\omega_{63})$。该方法是一种客观确定权重的方法，与层次分析法等相比，降低了主观因素对权重带来的影响。

（2）多层次模糊综合评价模型的建立

假设 $A \times B$ 为有限集，当利用矩阵形式表达当前模糊关系时，若矩阵的取值范围为 ［0，1］，则称该矩阵为模糊判断矩阵。假设模糊判断矩阵 R 表示集合 A 和集合 B 之间相互关系矩阵，R 中的元素 r_{ij} 表示集合 A 中第 i 个元素和集合 B 中第 j 个元素之间的关联程度。

$$R = \begin{pmatrix} r_{11} & \cdots & r_{1n} \\ \vdots & \ddots & \vdots \\ r_{m1} & \cdots & r_{mn} \end{pmatrix}$$

其中，$0 \leqslant r_{ij} \leqslant 1$，$1 \leqslant i \leqslant m$，$1 \leqslant j \leqslant n$。

对于多层次模糊综合评判问题，需要对影响因素的判断矩阵进行逐层求解，模型中涉及两个层次，因此首先对底层因素进行求解，即求得论域 $U = \{u_{ij}\}$ 中的元素隶属于评语集合论域 $V = \{v_i\}$ 的评价等级。表示为：

$$R_i = \begin{pmatrix} r_{i1v_i} & \cdots & r_{i1v_i} \\ \vdots & \ddots & \vdots \\ r_{imv_i} & \cdots & r_{imv_i} \end{pmatrix}$$

其中，i 表示首层因素数量，m 表示各底层因素的数量。

多层次的模糊评判是由底层向高层逐层进行的，因此根据 ω_i 和 R_i 得出第二层次的模糊评价集合论域：$A_i = \omega_i \cdot R_i$，它表示首层因素集合邻域 U 对于评语集合论域 V 的隶属度或者评价等级。对 A_i 进行归一化处理，得到最终的模糊评判矩阵 $R = (A_1，A_2，A_3)^T$。

3.6.3　农村信息环境的评价分析

根据所建立的指标体系，选取 31 个省份的农村区域为研究对象。本书中所用的数据主要来源于《中国统计年鉴》《中国农村统计年鉴》《中国信息年鉴》等。根据多层次模糊综合评价模型，利用决策矩阵，计算出 2024 年全国农村信息环境的综合评分。具体结果见表 3-7。

表 3-7　　　　2024 年各省份农村信息环境评分结果

省份	评价结果	省份	评价结果
北京	93.72	湖北	85.22
天津	90.56	湖南	81.34
河北	84.25	广东	90.56
山西	81.33	广西	79.35

省份	评价结果	省份	评价结果
内蒙古	80.23	海南	78.66
辽宁	78.96	重庆	81.38
吉林	75.39	四川	79.66
黑龙江	76.66	贵州	70.23
上海	94.28	云南	71.28
江苏	92.51	西藏	60.85
浙江	94.63	陕西	80.49
安徽	89.45	甘肃	71.58
福建	88.78	青海	68.24
江西	76.32	宁夏	70.27
山东	88.69	新疆	72.01
河南	84.12	—	—

对各省份的评价结果，利用 K-means 聚类的方法进行处理，根据算法的原理，给定输入量 k；然后将 n 个数据对象划分为 k 个聚类以使所获聚类满足：同一聚类中的对象相似度较高；而不同聚类中的对象相似度较小。经过计算后的聚类结果见表 3-8。

表 3-8　　2024 年各省份农村信息环境评价聚类分析结果

聚类 1		聚类 2		聚类 3		聚类 4	
北京	93.72	河北	84.25	辽宁	78.96	贵州	70.23
天津	90.56	山西	81.33	吉林	75.39	云南	71.28
上海	94.28	内蒙古	80.23	黑龙江	76.66	西藏	60.85
江苏	92.51	湖北	85.22	广西	79.35	甘肃	71.58
浙江	94.63	湖南	81.34	海南	78.66	青海	68.24
广东	90.56	重庆	81.38	四川	79.66	宁夏	70.27
安徽	89.45	陕西	80.49	江西	76.32	新疆	72.01
福建	88.78	河南	84.12	—	—	—	—
山东	88.69	—	—	—	—	—	—

从内涵看，农村信息环境受到宏观因素和主观意识因素共同的影响，在对省域乃至全国范围进行评价时，考虑宏观指标就能达到整体评价的目的。从空间角度看，我国各省份农村信息环境存在较大差异，而且呈信息环境两极分化趋势，还有进一步拉大的风险。需要有关部门制定有针对性的政策，走多元化的农村信息化发展路径。

3.7　本章小结

本章首先从基础设施建设方面对农村信息服务的现状进行了梳理和分析，发现农村信息基础设施有了较大的发展，但是与城市相比仍存在一定差距。从政策导向视角看，政府部门对农村信息服务越来越重视，政策上也给予了很大的倾斜，但是农村信息服务状况仍然不能满足农民的信息需求。运用模糊综合评判理论，构建了区域农村信息环境指标评价体系，弥补了当前只考虑客观因素而忽略主体因素的不足。评价结果发现，我国农村信息环境区域差异客观存在，而且出现逐步扩大趋势。

农村信息服务问题研判：需求侧与供给侧

本章分别从需求侧和供给侧分析农村信息服务的一般性和特殊性，在此基础上提出当前农村信息服务面临的问题——供需不均衡问题，并从供需两侧分析失衡诱因，为后面章节研究提供现实基础和依据。

4.1 农村信息服务的需求侧分析

信息需求是需求的一种，是一种特殊的需求。信息需求的实质是解决实际问题，因此，可以认为信息需求的产生是由信息目的导致的。在人类实践过程中，每一层次需求的满足都会遇到相应的问题，问题的解决都会产生相应的信息需求。信息需求贯穿"信息产生—信息传递—信息应用"的整个过程。

本书从客观和主观两个方面对农村信息服务的需求概念进行如下界定：①从农村客观信息环境看，农村信息服务需求是解决农村经济社会发展问题的客观需要。②从信息主体的主观意愿看，农村信息服务需求是农民对于信息的不足之感和求足的愿望，包含主体的信息意识、信息观念、信息觉悟和信息伦理等。

农村主体对农村信息服务的需求具有一般公共服务需求的共性，同时又具有因主体个体不同、经历差异以及职业二元性等引起的独特性。在共性方面，农村信息服务最主要的需求主体是农民，农民对信息服务的需求具有一般性，需求主体主要是满足自身生产生活的信息需求。

4.1.1 主体对农村信息服务一般性需求

一般情况下，农村信息服务的需求主体具有大体相同的特征，他们对农村信息服务的需求是为了提高生活质量或追求更大发展。因此，农村主体对生产和生活信息需求的总和就构成了一般性需求。农村信息服务需求的产生离不开农民在实践过程中遇到的实际问题，问题的本身决定了农村信息需求的内容。从农村信息服务需求的属性看，农村信息服务需求主要包括信息内容、信息质量和信息数量。首先，农村信息服务需求的信息内容比较广泛，包含生产、生活以及市场等多方面的信息。具体来说，农业生产信息、农民生活中的物质需求信息、精神文化生活需求信息以及农牧产品的价格变化信息等都属于农村信息服务需求的信息内容。其次，农村信息服务需求的信息质量主要体现在信息的准确性、可靠性、完整性和全面性，要保证农村信息的质量，就要对信息源头和信息传播过程进行有效识别和监督，农村主体要不断提升自身的信息认知能力，只有能力提高了，才能够有效去除模糊的、错误的、零散的、片面的信息。最后，农村信息服务需求的信息数量是指能够被有效利用的信息在数量上是恰当的那个数量。在当前农村信息环境明显改善的大数据时代，农村信息数量也非常庞大，对农村主体而言，信息数量并非越多越好，受农村主体信息认知能力、信息接受能力以及信息利用能力的影响，农村主体需要的是数量上适度、层次上简单易懂的信息。

4.1.2　主体对农村信息服务需求的特性

随着信息技术的发展和农村经济水平的提高，主体对农村信息服务的需求逐步呈现出个性化、多样化和复杂化特征，体现出了不同于一般性需求的特性。需求主体的年龄、性别、学历等的差异使得他们对信息需求的种类存在较大区别，农村主体的外出务工等不同经历增加了需求的多样性，同时农村主体职业的二元性，使得农村信息服务需求的复杂化程度大大提高。

（1）农村主体本身的特征导致的需求差异

农村主体的年龄、性别、学历等导致他们对农村信息服务的需求存在较大差异。根据调查结果，留守农村的农民多为女性和年龄较大者，同时学历以初中及以下居多，这与当前农村壮劳力外出务工的社会现实相关。留守的农村主体在关注农村生产信息的同时，对个性化信息服务存在潜在需求。比如，年长者对健康信息的需求，该群体随着年龄的增长，大多身体机能逐年下滑，患病概率开始增加，他们对个性化信息服务的潜在需求突出表现在对医疗保健类信息的数量和质量的持续性关注。再如，随着农村电子商务和物流的发展，留守的女性开始更多关注网上购物等生活信息。

（2）农村主体外出务工等经历导致的需求差异

农村主体的外出务工、教育培训等经历不仅开阔了他们的视野，而且大大提升了其对新鲜事物的接受能力和意识。该类群体对农村信息服务无论是在种类上还是在质量上均提出了更高要求。比如，农业新生产技术、新种植养殖方法、新农机设备等信息的推广和传播都是从这一群体开始的。

（3）农村主体职业的二元性导致的需求差异

当前农村信息服务的需求主体主要是农民，但是随着土地流转制度的实施和不断深入，越来越多的农民从传统的农业生产中解放出来，从事各种各样农产品相关的加工或经营活动，以至于当前农民从事的职业分化为农业和非农业两种，农民职业的二元性使得从事农业的农民和从事非农业的农民对农村信息服务的需求明显区分开来。

4.2 农村信息服务的供给侧分析

农村信息服务供给是一个复杂体系。从信息服务模式来看，农村信息服务主体可分为政府主体、市场主体和第三方主体。目前，我国农村信息服务供给仍以政府主体模式为主，市场发挥一定作用，第三方处于追随状态。

农村信息服务本身具备双重属性。一方面，在一定区域内农村信息服务具有共享性、外部性和非营利性等一般公共服务的特性；另一方面，农村信息服务的需求有其特性，个性化、多样化、复杂化的需求导致其非公共服务的供给特性。

4.2.1　农村信息服务一般性供给

农村信息服务供给是针对需求而言的，根据新公共服务理论，农村信息服务的供给具备一般公共服务的特征，因此，当前农村信息服务的供给是以政府为主体的模式。政府供给模式下的农村信息服务供给具有类型偏少、单类数量庞大、易识别、分布集中、规模效应明显等特征，因此，政府可以通过直接采购的方式实现供给。

政府主体模式存在以下不足：一是缺乏市场竞争压力，激励机制不足，没有追求利润最大化的动力，这导致农村信息服务供给效率低下；二是农村信息服务供给成本和价格对市场缺乏敏感性，供给曲线缺乏弹性，供给内容和规模受决策者主观因素影响较大；三是政府与需求主体之间信息不对称，政府无法精准满足主体的需求，造成农村信息服务供需失衡。

4.2.2　农村信息服务的供给特性

在农村信息服务的供给中，政府更多的是考虑大众需求，而对于农村主体日益增长的个性化需求考虑不足，在一些情况下这种个性化的需求可能会被忽略。市场恰恰可以考虑满足这种个性化的需求。在市场主体供给模式下，如果农村主体愿意为获得自己急需的个性化信息支付相应的价格，甚至是较高的价格，那么市场主体就可能会满足这种个性化需求，此时，市场化的农村信息服务供给特性就会凸显出来。

　　当然市场主体的农村信息服务供给模式存在自身的缺陷和不足：一是规模和普遍性有限，尽管政府积极扶持市场主体，但是在规模和普遍性上市场主体主导的模式仍远远不及政府主导模式。二是潜在竞争与受限发展，政府主体与市场主体之间存在潜在竞争关系，市场主体的发展需要由政府监管。三是利润问题，市场主体模式下，因为提供农村信息服务的利润有限，所以，一方面它对市场主体的吸引力不足；另一方面，市场主体可能为追求更大利润而让低劣信息进入市场。

　　市场主体的农村信息服务供给模式主要适用于农民信息意识和消费能力较强的地区。然而，我国市场化的农村信息服务供给模式还处于初级阶段，农民信息素质差异大且整体水平偏低，因此，市场主体主导模式的潜力将逐步得到释放。

　　农村信息服务供给受多种因素的影响，其中，农民信息需求、农民信息素养、信息服务成本、信息技术水平是影响农村信息服务供给的重要因素。供给主体不同，侧重的信息服务种类和信息传播渠道也会有区别。

4.3　农村信息服务问题研判

4.3.1　农村信息服务供需不均衡矛盾

　　农村信息服务的供给和需求所展现出的双重属性，对农村信息服务的供需均衡提出了严峻挑战，如供给不足、需求多元、表达不畅等问题接踵而来。农村信息服务需求与供给间的不匹配矛盾显露出来。

（1）需求旺盛，服务缺失

从信息服务供给的视角看，根据新公共服务理论，政府作为农村信息服务最主要的提供方，在农村信息服务供给中发挥着主导作用。一方面，政府需要以农村信息服务需求为导向；另一方面，政府受到"政绩""考核指标"等数据的制约。因此，各种农村信息服务平台的建设力度虽大，但是缺乏有效的信息供给和维护，导致普遍存在信息种类不足、时效性差、缺乏深度、没有针对性等诸多问题。同时，长期以来，农村信息服务供给主体的单一性也导致了农村信息缺乏市场竞争，农民难以享受到精准满足自身需求的信息服务，最终导致农村信息的"需求旺盛，服务缺失"的现状。

（2）服务到位，获取不足

从信息渠道看，随着农村信息基础设施的逐步完善，农民网民数量和农村互联网普及率大幅提高，同时，电视、广播等渠道畅通，这使得农民可以通过多种渠道获取信息，但是，受经济发展、地域文化、受教育水平等多种因素的影响，上述信息渠道并未真正成为农民获取信息的主渠道。相对而言，村委会、亲戚朋友等传统的信息获取渠道仍然被相当一部分农民采用甚至推崇。这种信息服务的供给与需求间的错位，出现了"服务到位，获取不足"的现象，导致了农村信息资源的巨大闲置和浪费。

（3）获取存在，应用有限

从信息应用看，农民是信息需求的主体，是信息的使用者和受益者。农民收入水平的高低、受教育程度等是影响农民信息应用效果的主要因素。自身素质整体偏低限制了农民对信息的有效应用。第一，之前农村信息获取渠道的单一性导致了信息的滞后性，使得信息应用效果大打折扣；第二，文化程度偏低，使得信息主体对信息的理解和把握存在一定偏差，信息应用效果减弱甚至可能适得其反；第三，农民对信息本身的信任度存在较大疑虑，这使得农民对信息持谨慎态度，即便获取了信息，也不会轻易应用。这些导致了农村信息服务"获取存在，应用有限"的窘境。

（4）应用广泛，互动匮乏

从信息的互动性看，农民与信息服务的提供方缺乏有效的互动。在农民通过某种渠道获取信息并进行应用的情况下，很少有农民对自身的体验和应用结果进行反馈和交流。信息服务的提供方就不能根据用户的实际应用状况，对信息类型、信息渠道等进行有效改进，更无法为农民提供精准的个性化信息服务。因此，从农民信息需求开始，到信息的获取、信息的应用，再到信息的反馈，这应该是一个闭环的流程，应该是信息用户和信息服务提供方不断交流的过程，通过流程的循环保证农民信息需求与供给的对等，只有这样，才能逐步改善"应用广泛，互动匮乏"的局面。

4.3.2　农村信息服务供需不均衡的诱因

对农村信息服务供需失衡的原因，可以从供给侧和需求侧两个方面进行分析。从供给侧分析，供给主体的管理、机制、决策、激励等与需求主体存在偏差，导致供需不均衡。从需求侧分析，需求主体对信息服务的需求呈现出个性化、多元化、深层次的特征，但由于缺乏表达机制，其需求往往被供给主体忽略。

（1）需求侧诱因分析

从需求主体的角度看，农村信息服务的需求从大众化需求转向了个性化需求，农民缺乏通畅的表达渠道，这导致农村信息服务的供需不均衡。

①农村信息服务需求复杂多样

随着农村经济社会的不断发展和进步，农村主体对农村信息服务的需求在数量、种类和质量上均提出了更高的要求。这种需求呈现出需求质量更高、需求种类多样化、个性化需求明显等特征。农民多样性、差异化的信息服务需求与现有信息服务供给不均衡的矛盾日益突出。当前，农村信息服务的供给虽然逐步得到改善，但是仍有需求得不到应有关注，无法实现供需匹配，这使得农村信息服务的供需出现失衡。

②农村信息服务需求表达机制缺乏

在当前农村经济社会环境下，农村信息服务需求是客观的、内在的、自发的，而农村信息服务供给是对需求的有效回应。因此，农村信息服务供给在时间上存在一定的滞后性，在满足需求的同时，又反作用于需求。这种作用与反作用使得农村信息服务的供给与需求间的互通尤为重要，而由于当前需求表达机制的缺乏，供给主体无法根据农民实际需求提供恰当的信息服务，从而影响了农村信息服务的供给质量，造成农村信息服务的供需失衡。

（2）供给侧诱因分析

从供给主体的角度看，农村信息服务供给不足主要是由于政府、市场和第三方服务供给效率低下造成的。

①政府供给不足

政府作为农村信息服务的最主要的供给方，出现供给不足的问题，导致供需矛盾显现，农村信息环境仍需改善。主要原因有三个方面：一是，缺乏市场竞争和激励机制，导致农村信息服务供给效率低下；二是，在政府主体模式下，信息服务的成本和价格对市场缺乏敏感性，供给曲线缺乏弹性，且供给内容和规模易受决策者主观影响；三是，政府与需求主体之间信息不对称，造成农村信息服务供需不匹配。

②市场机制作用受限

当前政府主体的信息服务供给模式下，市场机制作用有限，再加上市场会出现失灵的情况，导致农村信息服务供给不足。主要原因在于：一是，尽管政府也在积极促进市场机制作用的发挥，但是从力度和实际效果看，市场作用仍然有限，市场机制没有发挥决定性作用。二是，政府主体与市场主体存在潜在的竞争关系，政府需要对市场进行有效监管，这在一定程度上导致市场供给效率不高。三是，在当前市场机制下，农村信息服务供给能够获得的利润有限，这对市场主体的吸引力不够大，且市场主体为追求更大利润，可能使低劣信息进入市场。

③第三方作用甚微

第三方是政府和市场的重要补充，但目前第三方发挥作用有限。主要原因有：一是，当前第三方主体数量不足，很难充分发挥其在农村信息服务供给中的应有作用。二是，第三方主体依赖政府经费支持，自身不追求利润，资金短缺使其内部工作积极性受挫，组织运作和管理存在停滞风险。三是，第三方主体在没有更好激励机制的情况下很容易丧失主观能动性。

综上所述，各方供给主体的供给效率低下造成了农村信息有效供给不足，具体表现为农村信息服务针对性的缺乏。随着农村地区经济的发展和农民生活水平的日益提高，农村信息需求也在发生动态变化，逐步表现出个性化和多样性的特征。在当前的农村信息服务供给模式下，供给主体无法提供具有前瞻性和预测性的信息服务，信息的时效性、针对性和客观性很难得到保证，这导致农村信息服务供需不均衡的矛盾突出。

4.4　本章小结

本章分别从供给侧和需求侧的角度分析农村信息服务存在的供需

不均衡问题，并分析了导致问题产生的诱因，得出如下结论：

（1）农村信息服务的供需均衡机制实质上是需求主体和供给主体间的互动与协同，不均衡的产生是供需双方矛盾发展的结果。从需求侧看，需求主体不断变化且日益复杂的信息需求不能得到有效的关注和满足。从供给侧看，不论是政府主体、市场主体，还是第三方主体，它们都没能提供有效供给。

（2）基于对农村信息服务供给侧和需求侧的分析，本章提出本书研究的核心问题——农村信息服务供需不均衡问题。从供需两方主体入手分析导致供需失衡问题的诱因，进一步明确本书的研究目标和方向。

本部分为下文农村信息服务的需求与供给决策提供了现实依据，也为第6章"农村信息服务需求侧分析：主观视角"提供了理论基础。

农村信息服务需求侧分析：客观视角

本章基于客观视角对农村信息服务需求进行深入分析。首先对农村信息服务的需求现状进行分析，找出影响农村信息服务需求的相关因素，利用偏相关分析去除携带高度重复信息的因素，对遴选因素进行 Probit 检验，并用 ROC 曲线进行二次验证，最终确定农村信息服务客观需求的显著影响因素的组合。

5.1 农村信息服务客观需求的影响因素分析

本书通过对国内外文献的梳理和研究，将影响农村信息服务需求的客观因素归纳为环境因素、主体因素、家庭因素、经济因素、地理因素、认知因素和政策因素七个方面。

（1）环境因素。客观上环境因素主要体现在四个方面：一是农村信息基础设施与技术。二是农村信息人才，农村科技人员是农村信息环境建设的一支重要力量，是农村信息化不断推进的重要保障。三是农村信息网络覆盖，农村信息网络覆盖反映了农村信息基础设施的应用状况。四是农村信息化的投入与产出。另外，互联网普及程度、计算机接入数量、移动电话拥有数量以及电视和广播普及率等，都是影响农村信息需求的重要因素。

（2）主体因素。主体因素主要指农民的个体特征。性别是影响农村信息服务需求的重要因素，一般认为男性比女性对信息的需求更强烈；不同的年龄的主体对农村信息服务的需求存在较大差异，不同年龄段的农民对农村信息服务的认知和接受程度也不同；婚姻状况对农村信息服务客观需求影响的研究成果很少，本书将通过后续的模型来探究这一问题；健康状况也是影响农村信息服务需求的重要因素，健康状况较好的主体对于农村信息服务需求更为强烈；文化水平在很大程度上影响农村主体的信息意识；当前农民在农村从事着农业和非农业两种职业，职业的二元性也可能对农村信息服务需求产生影响；一般情况下，个人收入越高，对农村信息服务的需求越强烈；具有外出务工经历的农民有更强的信息需求感。

（3）家庭因素。家庭因素是由若干个相关的子因素组成的。根据网络外部性理论，家庭人口数可能是影响农村信息服务需求的重要因素。现有研究结果表明，一般情况下，农村家庭男性数量越多，对农村信息服务需求会越强烈。家庭劳动力数量在一定程度上与家庭收入成正比关系，劳动力越多，家庭收入越高，对信息服务需求就越强烈。家庭幸福指数的高低在某种意义上体现了家庭收入的高低，也间接影响了农民对信息服务的需求。一般情况下，收入越高的家庭，幸福指数越高，对信息服务的需求也越强烈。

（4）经济因素。经济因素主要包含农民人均收入、农民收入来源、地区经济水平等。经济因素对农民信息服务的需求有明显影响，比如，农民收入的高低、收入来源的不同直接关系着其信息需求的类型。由于地区经济发展水平与农村信息化发展呈正相关，因此，经济发展水平直接影响农民信息服务需求。

（5）地理因素。乡村的地理位置（例如与县级公路、省级公路、乡镇中心、县城中心的距离等）对农村信息服务需求有较大影响。

（6）认知因素。农村主体对信息的认知程度、接受意识和接受能力，对农村信息服务需求有重要影响。

（7）政策因素。国家的农村信息化政策（例如乡村振兴战略、农村电子商务、数字乡村、智慧乡村等）影响农民对农村信息需求的感知程度。

本书将农村信息服务的客观需求影响因素归纳为表5-1。

表 5-1 　　　　　　　　农村信息服务的客观需求影响因素

研究对象	一级影响因素	二级影响因素
农村信息服务的客观需求影响因素	环境因素	固话覆盖行政村比重 X_1
		每千人有线电视数量 X_2
		每百平方公里光纤长度 X_3
		电视综合人口覆盖率 X_4
		每万人信息人才数量 X_5
		每千人大学生数量 X_6
		农村每百户拥有计算机数量 X_7
		农村每百户拥有电视机数量 X_8
		农村每百户拥有移动电话数量 X_9
		每万人互联网用户数量 X_{10}
		农村人均用邮量 X_{11}
		电信行业固定投资占全社会投资比重 X_{12}
		信息产业固定投资占全社会固定资产投资比重 X_{13}
	主体因素	性别 X_{14}
		年龄 X_{15}
		婚姻状况 X_{16}
		健康状况 X_{17}
		文化水平 X_{18}
		从事职业 X_{19}
		个人收入 X_{20}
		外出务工经历 X_{21}
	家庭因素	家庭成员数量 X_{22}
		家庭劳动力数量 X_{23}
		家庭男成员数量 X_{24}
		家庭女成员数量 X_{25}
		家庭收入来源 X_{26}
		家庭幸福指数 X_{27}

研究对象	一级影响因素	二级影响因素
农村信息服务的客观需求影响因素	经济因素	农民人均收入 X_{28}
		农民收入来源 X_{29}
		农民人均可支配收入 X_{30}
	地理因素	与县级公路距离 X_{31}
		与省级公路距离 X_{32}
		与乡镇中心距离 X_{33}
		与县城中心距离 X_{34}
	认知因素	对信息的认知程度 X_{35}
		对信息的接受意识 X_{36}
		对信息的接受能力 X_{37}
	政策因素	国家信息化政策 X_{38}

综上所述，农村信息服务的客观需求可能会受到环境因素等7大方面38个因素的影响，具体见表5-1。本书通过偏相关系数、Probit模型以及ROC曲线等方法，对上述可能对农村信息服务需求产生影响的因素进行多层次的筛选和鉴别，最终找出影响显著的关键因素。

5.2 农村信息服务的客观需求分析模型

由于国家政策、社会环境、自然环境等存在较大差异，区域宏观社会环境对农村信息服务需求有着较大的影响。上述多数因素在一定程度上对农村信息服务需求存在着实际的正向或负向的影响，部分因素也可能与农村信息服务需求不存在相关关系。因此，本部分首先利用偏相关分析和离散Probit方法建立模型，对遴选因素进行识别和验证。基本思路如图5-1所示。

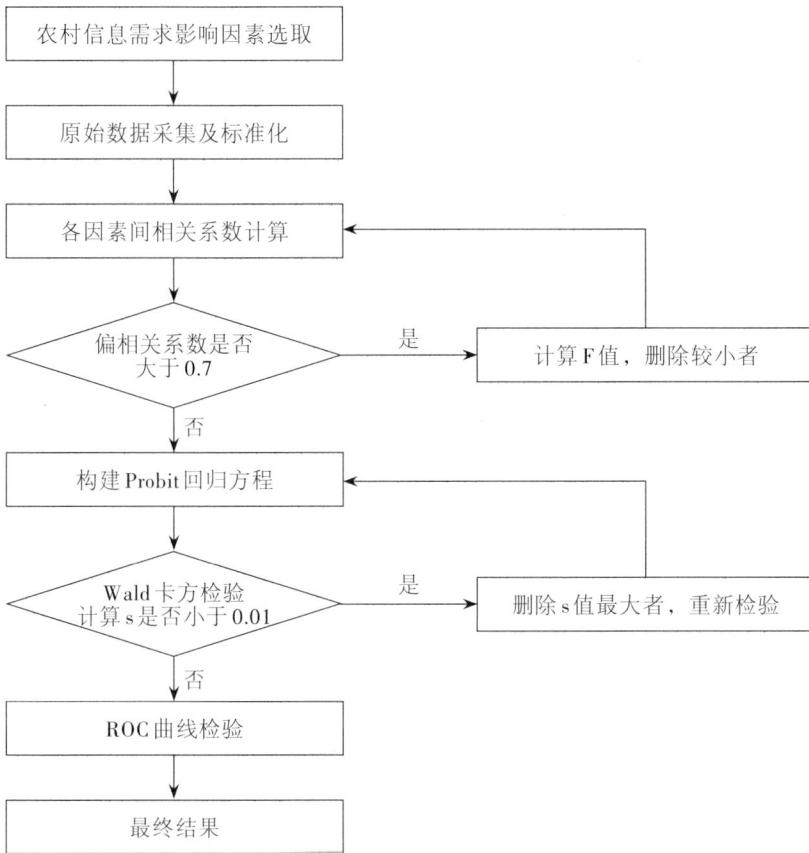

图 5-1 基于 Probit 模型的技术路线图

5.2.1 变量设计

本书利用 Probit 模型把影响农村信息服务客观需求的因变量 y_j 筛选出来。当因变量 y_j 取值为 1 时，说明自变量对农村信息服务的客观需求有影响，当因变量 y_j 取值为 0 时，说明自变量对农村信息服务的客观需求没有影响。

（1）引入中间变量 y_j^*

由于 Probit 模型是一种线性模型，而因变量 y_j 取值为 0 和 1，为离散变量，因此，我们无法用线性回归方程直接计算，可以引入中间变量 y_j^*，通过 y_j^* 与影响因素拟合线性回归方程的方法来解决。y_j^* 可以表示农村信息服务需求的一种状态，当 $y_j^*>0$ 时，取值为 1，表示该因素对农村信息需求有影响；当 $y_j^*<0$ 时，取值为 0，表示该因素对农村信息需求没有影响。下面给出 y_j^* 的线性回归方程：

$$y_j^* = \sum_{i=1}^{m} \beta_i x_{ij} + \alpha + \varepsilon_j = X_j\beta + \alpha + \varepsilon_j \tag{5-1}$$

y_j^* 是一个中间变量，表示第 j 个村的农村信息服务的需求状态；β_i 表示第 i 个影响因素的回归系数；x_{ij} 表示第 j 个村的第 i 个影响因素的观测值；α 为常数项；ε_j 为随机变量，且服从正态分布 $\varepsilon_j \sim N(0, \sigma^2)$。其中，$\beta = (\beta_0, \beta_1, \cdots, \beta_m)$ 为回归系数向量，$X_j = (x_{1j}, x_{2j}, \cdots, x_{mj})$ 为第 j 个村的影响因素值组成的向量。

（2）计算区域内各村农村信息服务的需求概率

利用公式（5-1）的中间变量 y_j^* 计算各村的农村信息服务的需求概率，因 $\varepsilon_j \sim N(0, \sigma^2)$，所以得出：

$$P(y_j = 1|X_j) = P(y_j^* > 0|X_j) = \Phi(\alpha + X_j\beta) \tag{5-2}$$

同理，可以计算各村农村信息服务的需求不受影响的概率：

$$P(y_j = 0|X_j) = P(y_j^* < 0|X_j) = 1 - \Phi(\alpha + X_j\beta) \tag{5-3}$$

其中，Φ 为正态分布函数，α、β 可以通过极大似然估计由公式（5-4）进行求解。

$$\text{MAX} \ln L = \sum_{j=1}^{n} \left[y_j \ln(\Phi(\alpha + X_j\beta)) + (1 - y_j)\ln(1 - \Phi(\alpha + X_j\beta)) \right] \tag{5-4}$$

5.2.2 数据处理

由于反映各影响因素的数据的单位量纲不一，数量级别存在较大差异，因此，首先需要对原始数据进行标准化处理。

（1）农村信息服务的需求正相关因素数据标准化

对于农村信息服务需求的影响因素，正相关因素的观测值越大，农村信息服务需求越强烈；反之，观测值越小，需求越弱。假设 t_{ij} 表示第 j 个村的第 i 个正相关因素的标准化数值，x_{ij} 表示其原始观测值，标准化公式如下：

$$t_{ij} = \frac{x_{ij} - \min x_{ij}}{\max x_{ij} - \min x_{ij}} \tag{5-5}$$

（2）农村信息服务的需求负相关因素数据标准化

对于农村信息服务需求的负相关因素，观测值越大，农村信息服务需求越小；反之，观测值越小，需求越强烈。假设 t_{ij} 表示第 j 个村的第 i 个负相关因素的标准化数值，x_{ij} 表示其原始观测值，标准化公式如下：

$$t_{ij} = \frac{\max x_{ij} - x_{ij}}{\max x_{ij} - \min x_{ij}} \tag{5-6}$$

（3）农村信息服务的需求区间型因素数据标准化

最佳区间型数据是指数据距离某一特定区间越近，农村信息服务的需求越强烈的因素数据。比如，如果年龄的最佳区间为 [25，45]，那么年龄越是接近这一区间，则农村信息服务的需求越强烈，年龄越偏离这一区间，农村信息服务的需求越小。假设 p 为最佳区间的上限值，q 为最佳区间的下限值，x_{ij} 为原始数据值，最佳区间数据计算公式如下：

$$t_{ij} = \begin{cases} 1 - \dfrac{p - x_{ij}}{\max(p - \min x_{ij}, \ \max x_{ij} - q)}, & x_{ij} < p \\[3mm] 1 - \dfrac{x_{ij} - q}{\max(p - \min x_{ij}, \ \max x_{ij} - q)}, & x_{ij} > q \\[3mm] 1, & p \leqslant x_{ij} \leqslant q \end{cases} \tag{5-7}$$

5.2.3 模型构建

（1）信息去重

当人们在多事物构成的体系中，研究任意两个事物之间的关系，或者其中一个事物对另一个事物的影响程度时，暂时将两个事物之外的其他事物屏蔽或者忽略不计，仅计算这两个事物之间的关联度，这被称为偏相关分析，所得数值结果即为偏相关系数。在研究农村信息需求影响因素的时候，涉及较多的因素，因素之间还可能存在着某种关联，可能导致两种甚至多种因素所反映的信息重复，造成因为含有无关因素而使得系统过于庞杂。进行偏相关分析，可以去除农村信息需求影响因素中含有重复信息的因素。

①偏相关系数的计算

假设 t_{ij} 为区域内所选定的第 j 个村的第 i 个指标的数据值，t_{kj} 为区域内所选定的第 j 个村的第 k 个指标的数据值，r_{ik} 为第 i 个指标与第 k 个指标的偏相关系数。其计算公式为：

$$r_{ik} = \frac{\sum_{1}^{n}(x_{ij} - \bar{x}_i)(x_{kj} - \bar{x}_k)}{\sqrt{\sum_{1}^{n}(x_{ij} - \bar{x}_i)^2}\sqrt{\sum_{1}^{n}(x_{kj} - \bar{x}_k)^2}} \tag{5-8}$$

其中，n 表示研究区域内村的数量，$\bar{x}_i$ 表示第 i 个影响因素的平均值，$\bar{x}_k$ 表示第 k 个影响因素的平均值。

设 R 为偏相关系数 r_{ik} 组成的相关系数矩阵，其中，m 为影响因素的个数。则有：

$$R = \begin{bmatrix} r_{11} & r_{12} & \cdots & r_{1m} \\ r_{21} & r_{22} & \cdots & r_{2m} \\ \vdots & \vdots & \ddots & \vdots \\ r_{m1} & r_{m2} & \cdots & r_{mm} \end{bmatrix} \tag{5-9}$$

设 S 为相关系数矩阵 R 的逆矩阵，则有：

$$S = R^{-1} = \begin{bmatrix} s_{11} & s_{12} & \cdots & s_{1m} \\ s_{21} & s_{22} & \cdots & s_{2m} \\ \vdots & \vdots & \ddots & \vdots \\ s_{m1} & s_{m2} & \cdots & s_{mm} \end{bmatrix} \tag{5-10}$$

根据偏相关系数的计算公式，可以得到第 i 个影响因素和第 k 个影响因素之间的偏相关系数 r'_{ik}，具体计算公式如下：

$$r'_{ik} = \frac{-s_{ik}}{\sqrt{s_{ii}s_{kk}}} \tag{5-11}$$

偏相关系数 r'_{ik} 值越大，表示第 i 个影响因素和第 k 个影响因素之间的相关性越大；r'_{ik} 值越小，表示第 i 个影响因素和第 k 个影响因素之间的相关性越小。

②F 值的计算

当出现两个影响因素相关度较高的情况时，为避免主观上对农村信息需求具有显著影响因素的误删除，可以通过分别计算两个相关因素的 F 值来解决这一问题。设 F_i 为第 i 个影响因素的 F 值，利用公式（5-12）可以进行计算。

$$F_i = \frac{(\bar{x}_j^{(0)} - \bar{x}_j)^2 + (\bar{x}_j^{(1)} - \bar{x}_j)^2}{\frac{1}{n^{(0)}-1}\sum_{y_i=0}(x_{ij} - \bar{x}_j^{(0)})^2 + \frac{1}{n^{(1)}-1}\sum_{y_i=1}(x_{ij} - x_j^{(1)})^2} \tag{5-12}$$

其中，$\bar{x}_i^{(0)} = \frac{1}{n^{(0)}}\sum_{y_i=0}x_{ij}$，$\bar{x}_i^{(1)} = \frac{1}{n^{(1)}}\sum_{y_i=1}x_{ij}$，$\bar{x}_i = \frac{1}{n}\sum_{j=1}^{n}x_{ij}$。

F_i 反映了第 i 个影响因素对农村信息服务的需求状态影响的大小，F_i 越大，说明对农村信息服务的需求影响越大；反之，F_i 越小，说明对农村信息服务的需求影响越小。

在对农村信息服务的需求影响因素进行多元分析时，由于其他因素的干扰，简单的相关分析不能全面反映出因素之间的相关度，而偏相关分析很好地解决了这一问题。

③基于偏相关分析结果设定影响因素的删减标准

如果两个相关因素的偏相关系数的绝对值$|r_{ik}|>0.7$，则认为两个因素高度相关，两个因素反映的信息具有较高重复性，需要将其中一个因素删除。通过F值避免主观误删操作，对于偏相关系数值大于0.7的因素中，删除F值小于0.7的影响因素。

（2）Probit模型

建立Probit模型，构建影响因素的Wald统计量，并进行卡方检验。在对应的显著性概率大于0.01的影响因素中，将显著性概率最大的影响因素删除。具体步骤如下：

①计算Probit模型的回归系数。将m个农村信息需求影响因素以及对应的农村信息需求状态y_i的观测值，依据（5-1）式至（5-4）式构建Probit回归模型，并求解相应的系数α、β，以及β_k对应的标准误差SE_{β_k}，其中，$\beta = (\beta_1, \beta_2, \cdots, \beta_m)$。

②计算每个影响因素的显著性概率值s，构建影响因素的Wald统计量，并对每个因素的显著性进行假设检验。

假设H_0：$\beta_k = 0$。若H_0成立，则第k个因素对农村信息服务需求的影响不显著。

假设H_1：$\beta_k \neq 0$。若H_1成立，则第k个因素对农村信息服务需求的影响显著。

设W_k为农村信息服务需求的第k个影响因素对应的Wald统计变量，β_k为第k个影响因素的参数估计值，SE_{β_k}为β_k的标准误差，则有：

$$W_k = \left(\frac{\beta_k}{SE_{\beta_k}} \right)^2 \tag{5-13}$$

通过构造Wald统计量W_k，可以检验影响因素的参数估计值β_k是否显著为0。如果$\beta_k = 0$，则H_0为真。W_k服从自由度为1的卡方分布，即$W_k \sim \chi^2(1)$，根据卡方分布表得到对应的显著性概率值s。

如果 $s<0.01$，则拒绝原假设 H_0，这说明该因素对农村信息服务需求有明显影响。

如果 $s>0.01$，则接受原假设 H_0，这说明虽然 $\beta_k = 0$，但是该因素对农村信息服务需求没有显著影响。

③对于所有显著性概率 $s>0.01$ 的影响因素，去除其中 s 值最大的。$s>0.01$ 说明接受假设 H_0，该因素对农村信息服务需求的影响不显著。在所有影响不显著的因素中，可以去除最大 s 值对应的影响因素。需要注意的是，不能一次性全部删除 $s>0.01$ 的影响因素，因为每个因素可能受多个变量的影响，删除一个变量后，原来影响不显著的因素可能变为影响显著的因素。

④重复上述①~③步骤，直到模型中所有变量的系数均满足 $s<0.01$。

通过求解农村信息服务的需求状态变量 y 与影响因素之间的 Probit 回归方程系数 β，以及其标准误差 SE_β，构建影响因素的 Wald 统计量，对回归方程系数 β 的显著性概率进行检验，剔除了对农村信息服务需求的影响小且回归系数 β 不显著的因素。

（3）ROC 曲线检验方法

ROC 是指受试者操作特征（Receiver Operating Characteristic），ROC 曲线上每个点反映着对同一信号刺激的感受性。针对预测值和真实值之间的关系，可以将样本分为四个部分，分别是：真正例（TP）——预测值和真实值都为 1；假正例（FP）——预测值为 1，真实值为 0；真负例（TN）——预测值与真实值都为 0；假负例（FN）——预测值为 0，真实值为 1，于是构造的分类混淆矩阵见表 5-2。

ROC 曲线的纵轴代表"真正例率"（TPR），横轴代表假正例率（FPR）。

表 5-2　　　　　　　　　　　分类混淆矩阵

真实情况	预测结果	
	正例	反例
正例	真正例（TP）	假反例（FN）
反例	假正例（FP）	真反例（TN）

$$TPR = \frac{TP}{TP + FN} \tag{5-14}$$

$$FPR = \frac{FP}{TN + FP} \tag{5-15}$$

ROC曲线的实质就是在不同阈值下，TPR和FPR的点图，给定一个阈值，就可以得到一个对应的TPR和FPR值，通过检测大量的阈值，可以得到一张TPR-FPR的相关图。AUC（Area under the Curve）是指ROC曲线的下夹面积，AUC越大，说明分类器越好，AUC最大值是1。

通过ROC曲线的AUC值来判断所构建的Probit回归模型选出的农村信息需求影响因素是否正确。根据混淆分类矩阵，将实际有影响且被模型判别为有影响的因素的个数记为TP，将实际有影响但被模型误判为没影响的因素的个数记为FN，将实际没影响但被模型误判为有影响的因素的个数记为FP，将实际没影响且被模型正确判定为没影响的因素的个数记为TN，见表5-3。

表 5-3　　　　农村信息服务客观需求的影响因素ROC分类结果

实际影响情况	模型分类结果		
	1（有影响）	0（没影响）	合计
1（有影响）	实际有影响且被模型判别为有影响的因素的个数TP	实际有影响但被模型误判为没影响的因素的个数FN	TP+FN
0（没影响）	实际没影响但被模型误判为有影响的因素的个数FP	实际没影响且被模型正确判定为没影响的因素的个数TN	FP+TN
合计	TP+FP	FN+TN	

根据式（5-14）计算正确判别率，用正确判别为有影响的因素的个数TP除以实际有影响的因素的总数TP+FN，反映实际有影响因

素被Probit模型正确判别的概率。

根据式（5-15）计算假正确判别率，用误判为有影响的因素的个数FP除以实际无影响因素的总数FP+TN，反映实际无影响因素被Probit模型误判为有影响的概率。

ROC曲线分别以正确判别率和假正确判别率为纵轴和横轴进行绘制。当横坐标不变时，纵坐标越大，该因素对农村信息服务需求的影响也越大，相应的AUC面积也越大。故而，AUC面积越大，意味着该因素对农村信息服务需求的影响越大，其最大值为1。

当AUC=1时，这说明采用的是完美分类器，采用该预测模型时，无论设定何种阈值都能得出完美预测。当0.9≤AUC<1时，判别影响因素效果较好，该模型恰当设定阈值的话，具有较好的预测价值。当0.7≤AUC<0.9时，判别影响因素效果中等，该模型具有一定的预测价值。当0.5≤AUC<0.7时，判别影响因素效果较差，该模型基本没有预测价值。当AUC<0.5时，该模型判别效果极差，但只要总是反预测而行，结果就优于随机猜测。

因此，根据上文Probit回归模型判别出的所有影响因素，如果AUC值大于0.9，则判定该因素对农村信息服务需求的影响明显。研究表明，本书构造的模型判别出的ROC曲线下面积AUC值高于0.9的影响因素，能够确保对农村信息服务需求的影响大小的有效鉴别。

5.3　农村信息服务的客观需求实证分析

5.3.1　数据收集

（1）样本选取

本书调查对象为行政村的村民。考虑到数据获取的便利性以及样本分布的均匀性，同时在地域空间上涵盖平原、丘陵和山区三种地形，本书的研究选取了A县所处农村的15个乡镇的30个行政村，共计1 543个调查对象，作为研究的样本。具体分布情况见表5-4。

表5-4   所选调查对象的分布情况

村名称	样本数量	村名称	样本数量	村名称	样本数量
A1村	78	A11村	55	A21村	85
A2村	66	A12村	61	A22村	54
A3村	48	A13村	44	A23村	53
A4村	65	A14村	46	A24村	44
A5村	39	A15村	54	A25村	35
A6村	67	A16村	39	A26村	29
A7村	69	A17村	70	A27村	34
A8村	43	A18村	46	A28村	48
A9村	57	A19村	80	A29村	32
A10村	34	A20村	42	A30村	26

（2）数据来源

实证部分数据主要来源于两个方面：一是A县统计年鉴数据。二是调查数据，该部分数据主要包含对相关人员的访谈数据和对样本的问卷调查数据。

（3）数据标准化

① 数据指标的标准化。数据指标包含正向、负向和区间三类，分别利用式（5-5）、式（5-6）和式（5-7）进行计算，得到标准化以后的0-1区间数据。

② 定性数据的量化处理。利用李克特量表原理对定性数据进行量化处理，具体变量设计及其含义见表5-5。根据不同数据类型将原始数据进行标准化，从农村信息客观需求的一级影响因素的相关标准

化数据的对比情况看，各因素的影响具有大体相同的趋势。

表5-5 定性因素的量化及含义

变量	因素名称	变量取值	取值含义
X_1	年龄	{1, 2, 3, 4, 5}	1=18岁及以下，2=19~28岁，3=29~38岁，4=39~48岁，5=49岁及以上
X_2	性别	{1, 2}	1=男，2=女
X_3	受教育程度	{1, 2, 3, 4, 5}	1=小学及以下，2=初中，3=高中或中专，4=大学专科，5=大学本科及以上
X_4	家庭收入	{1, 2, 3, 4, 5}	1=1 000元以下，2=1 000~3 000元，3=3 000~5 000元，4=5 000~7 000元，5=7 000元以上
X_5	家庭成员数量	{1, 2, 3, 4, 5}	1=1人，2=2~3人，3=4~5人，4=6~7人，5=8人及以上
X_6	婚姻状况	{1, 2, 3, 4}	1=未婚，2=已婚，3=离异，4=丧偶
X_7	收入来源	{1, 2}	1=农业收入，2=非农业收入
X_8	交通状况	{1, 2, 3, 4, 5}	1=非常不便，2=不便，3=一般，4=便利，5=非常便利
X_9	对信息的接受意愿	{1, 2, 3, 4, 5}	1=抵触，2=不愿意，3=一般，4=愿意，5=非常愿意
X_{10}	对信息的认知程度	{1, 2, 3, 4, 5}	1=非常不了解，2=不了解，3=一般，4=了解，5=非常了解
X_{11}	对信息的接受能力	{1, 2, 3, 4, 5}	1=非常差，2=差，3=一般，4=较强，5=非常强

5.3.2 假设检验

（1）偏相关分析

对标准化后的数据进行偏相关分析，避免指标仅仅存在数据的相关性，而缺失实际意义的相关性。将38个影响因素的标准数据代入式（5-8）至式（5-11），计算偏相关系数，结果见表5-6。从对所有因素相关系数的聚类结果发现，明显有一聚类的值介于0.7到1.0之间，该类包含了6个因素。根据偏相关系数大于0.7的原则，确定该6对因素高度相关，存在信息冗余，因此，需要进一步计算这6对相关因素的F值。这6对相关因素分别为：每千人有线电视数量与农村每百户拥有电视机数量、每万人信息人才数量与每千人大学生数量、农村每百户拥有计算机数量与每万人互联网用户数量、个人收入与农民人均收入、家庭收入来源与农民收入来源、与县级公路距离与与省级公路的距离。各因素偏相关系数的聚类结果如图5-2所示。

表5-6　　　　　　　　部分因素偏相关系数计算结果

因素名称	固话覆盖行政村比重 X_1	每千人有线电视数量 X_2	…	对信息的接受能力 X_{37}	国家信息化政策 X_{38}
固话覆盖行政村比重 X_1	−1.00	***	…	***	***
每千人有线电视数量 X_2	−0.07	−1.00	…	***	***
⋮	⋮	⋮	⋱	⋮	⋮
对信息的接受能力 X_{37}	0.13	0.09	…	−1.00	***
国家信息化政策 X_{38}	0.22	0.16	…	0.31	−1.00

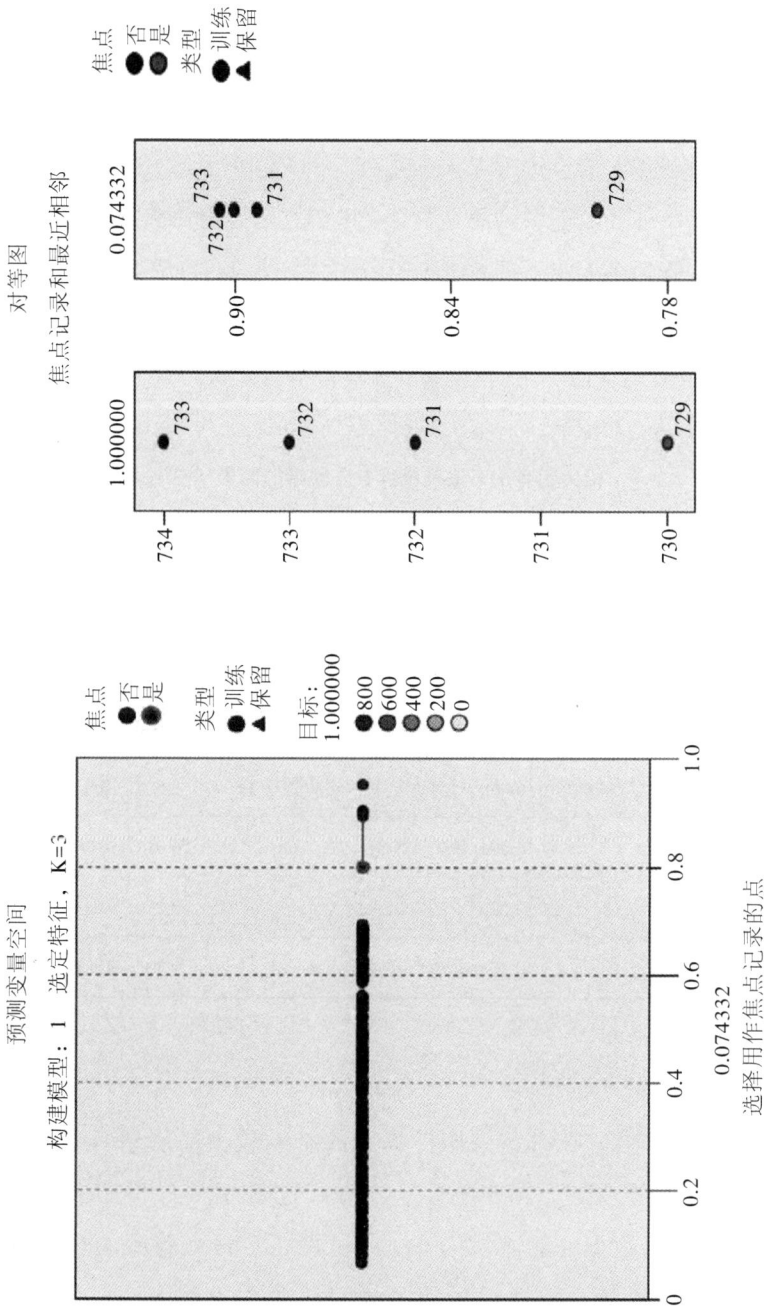

图 5-2　各因素偏相关系数的聚类结果

根据式（5-12）计算这6对相关因素的F值，计算结果见表5-7。同时对每对因素的F值分别进行两两比较，删除F值较小的6个因素。从表中数据可以看到，每千人有线电视数量的F值小于农村每百户拥有电视机数量的F值，每千人大学生数量的F值小于每万人信息人才数量的F值，每万人互联网用户数量的F值小于农村每百户拥有计算机数量的F值，个人收入的F值小于农民人均收入的F值，农民收入来源的F值小于家庭收入来源的F值，与县级公路距离的F值小于与省级公路距离的F值，因此删除F值较小的 X_2、X_6、X_{10}、X_{20}、X_{29}、X_{31} 这六个因素。

表5-7　　　　　相关因素的F值及根据F值删除的因素

偏相关系数大于0.8的因素				偏相	删除
影响因素1	F值	影响因素2	F值	关系数	因素
每千人有线电视数量 X_2	0.014	农村每百户拥有电视机数量 X_8	0.023	0.84	X_2
每万人信息人才数量 X_5	0.132	每千人大学生数量 X_6	0.095	0.91	X_6
农村每百户拥有计算机数量 X_7	0.059	每万人互联网用户数量 X_{10}	0.018	0.93	X_{10}
个人收入 X_{20}	0.004	农民人均收入 X_{28}	0.012	0.88	X_{20}
家庭收入来源 X_{26}	0.236	农民收入来源 X_{29}	0.170	0.85	X_{29}
与县级公路距离 X_{31}	0.301	与省级公路距离 X_{32}	0.332	0.87	X_{31}

（2）回归分析

在偏相关分析的基础上，利用Probit回归模型对剩余因素进行有效筛选。找出对农村信息服务需求的影响较大的因素。各因素Probit回归结果对比如图5-3所示。将经过偏相关分析后剩余32个因素的相关数据，代入式（5-1）~式（5-4），利用SPSS18中的Probit回归功能，计算得到相关的回归参数，具体计算结果见

表 5-8。

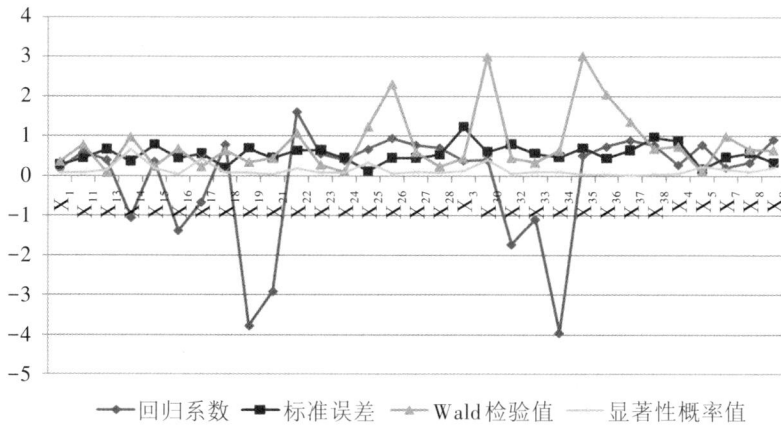

图 5-3　各因素 Probit 回归结果对比

表 5-8　　　　　　　　　Probit 回归结果

因素名称	回归系数	标准误差	Wald检验值	显著性概率值（s）
固话覆盖行政村比重 X_1	0.176	0.287	0.361	0.073
每百平方公里光纤长度 X_3	0.384	1.236	0.445	0.129
电视综合人口覆盖率 X_4	0.279	0.883	0.750	0.069
每万人信息人才数量 X_5	0.783	0.176	0.115	0.230
农村每百户拥有计算机数量 X_7	0.212	0.478	1.004	0.176
农村每百户拥有电视机数量 X_8	0.334	0.579	0.668	0.097
农村每百户拥有移动电话数量 X_9	0.913	0.336	0.654	0.209
农村人均用邮量 X_{11}	0.592	0.448	0.790	0.075
电信行业固定投资占全社会投资比重 X_{12}	0.897	0.209	0.405	0.058
信息产业固定投资占全社会固定资产投资比重 X_{13}	0.398	0.667	0.085	0.148

因素名称	回归系数	标准误差	Wald检验值	显著性概率值（s）
性别 X_{14}	−1.023	0.369	0.981	0.668
年龄 X_{15}	0.359	0.783	0.245	0.189
婚姻状况 X_{16}	−1.382	0.450	0.695	0.033
健康状况 X_{17}	−0.659	0.560	0.235	0.439
文化水平 X_{18}	0.785	0.207	0.638	0.091
从事职业 X_{19}	−3.772	0.697	0.346	0.087
外出务工经历 X_{21}	−2.910	0.458	0.442	0.037
家庭成员数量 X_{22}	0.709	0.430	0.675	0.127
家庭劳动力数量 X_{23}	0.559	0.650	0.283	0.076
家庭男成员数量 X_{24}	0.389	0.452	0.109	0.087
家庭女成员数量 X_{25}	0.669	0.127	1.245	0.343
家庭收入来源 X_{26}	0.945	0.457	2.331	0.061
家庭幸福指数 X_{27}	0.775	0.451	0.609	0.108
农民人均收入 X_{28}	0.707	0.532	0.246	0.079
农民人均可支配收入 X_{30}	0.409	0.610	3.026	0.417
与省级公路距离 X_{32}	−1.731	0.796	0.458	0.065
与乡镇中心距离 X_{33}	−1.088	0.569	0.337	0.098
与县城中心距离 X_{34}	−3.952	0.480	0.639	0.112
对信息的认知程度 X_{35}	0.515	0.707	3.041	0.046
对信息的接受意识 X_{36}	0.738	0.449	2.064	0.032
对信息的接受能力 X_{37}	0.893	0.649	1.372	0.018
国家信息化政策 X_{38}	0.776	0.985	0.689	0.050

在显著性概率值 $s>0.01$ 的因素中，删除 s 值最大的因素。根据这一原则，将表 5-8 中所有 $s>0.01$ 的因素的 s 值进行比较，删除最大者。对剩余的 31 个因素重新进行 Probit 回归，计算相应的回归参数，直到所有因素的 s 值都小于 0.01 为止。比如，根据第一次回归结果，所有的 s 值均小于 0.1，但其中性别因素的 s 值最大，因此删除性别因素后重新进行 Probit 回归，直到所有因素的 s 值均小于 0.1。最终通过 Probit 回归分析删除了固话覆盖行政村比重、性别、婚姻状况、健康状况、家庭成员数量、家庭男成员数量、家庭女成员数量、家庭幸福指数这 8 个对农村信息需求影响不明显的因素，最终保留了每百平方公里光纤长度等 24 个因素。

在偏相关分析基础上，利用调查和统计数据，通过 Probit 回归分析，将与农村信息服务的客观需求不相关或者关联性不强的因素鉴别出来，保留显著相关因素，从而为农村信息服务供给提供更加精准的分析目标和对象。

（3）ROC 检验

将筛选出的 24 个因素相关数据，代入式（5-1）～式（5-4），利用 Probit 模型，计算出每个村受到相关因素影响的概率 $P(y_j = 1 | X_j)$，当 $P(y_j = 1 | X_j)>0.5$ 时，表示该因素的影响明显，当 $P(y_j = 1 | X_j)<0.5$ 时，表示该因素没有影响。通过 SPSS 软件进行计算。

ROC 曲线是由多个临界值对应的 TPR 和 FPR 的点图构成的，因此，取多个不同的临界值，可以得到多个 ROC 曲线上的点，分别以 TPR 和 FPR 为横轴和纵轴，利用 SPSS 软件画出 ROC 曲线图，如图 5-4 所示。ROC 曲线以下的面积——AUC 值——反映了因素的影响能力的大小，图 5-4 中 AUC=0.975，大于 0.9，说明经过偏相关分析，由 Probit 模型筛选出的因素对农村信息客观需求均有较为明显的影响。

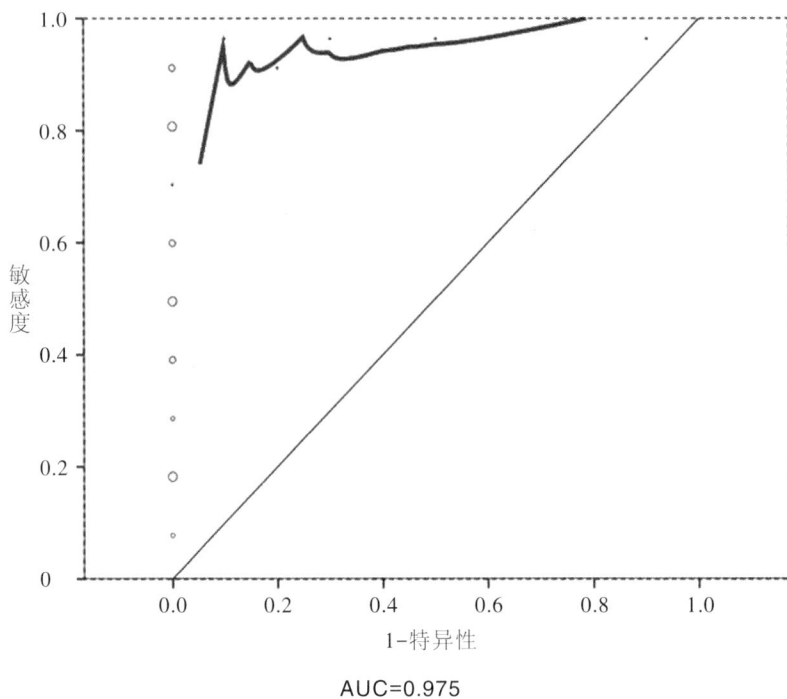

AUC=0.975

图 5-4　ROC 曲线

5.3.3　结果分析

上述研究结果表明，农村信息服务客观需求的显著影响因素有 24 个，分别为：每百平方公里光纤长度、电视综合人口覆盖率、每万人信息人才数量、农村每百户拥有计算机数量、农村每百户拥有电视机数量、农村每百户拥有移动电话数量、农村人均用邮量、电信行业固定投资占全社会投资比重、信息产业固定投资占全社会固定资产投资比重、年龄、文化水平、从事职业、外出务工经历、家庭劳动力数量、家庭收入来源、农民人均收入、农民人均可支配收入、与省级公路距离、与乡镇中心距离、与县城中心距离、对信息的认知程度、对信息的接受意识、对信息的接受能力、国家信息化政策。上述因素通过对农村信息服务客观需求的影响，间接影响着农村信息服务的供给，具体体现在以下方面：

（1）环境因素方面

根据上述研究结果，通过对每百平方公里光纤长度、电视综合人口覆盖率、每万人信息人才数量、农村每百户拥有计算机数量、农村每百户拥有电视机数量、农村每百户拥有移动电话数量、农村人均用邮量、电信行业固定投资占全社会投资比重、信息产业固定投资占全社会固定资产投资比重等因素对农村信息服务需求的影响进行分析，发现上述因素均正向影响农村信息服务的客观需求且影响显著。因此，可以从加强农村信息基础设施方面入手，例如，提高每百平方公里光纤长度、电视综合人口覆盖率等，来提升农村信息服务供给效率。同时，每万人信息人才数量显著性影响说明农村信息人才对农村信息服务供给的重要性，可以通过人才的引进和培养改善农村信息服务供给。

（2）主体因素方面

在主体因素中，农民的年龄、文化水平、职业和外出务工经历等对农村信息需求有显著影响。因此，在农村信息服务供给中，应充分考虑这些因素：为不同年龄段的农民提供差异化信息服务；根据农民的文化水平按照匹配的信息服务形式和质量提供信息服务；针对农民职业的多样性，区分其信息关注点并提供相应服务；对于有外出务工经历的农民，因其阅历和信息接受能力较强，需要提供有针对性的信息服务。因此，上述主体因素不但影响着对农村信息服务的客观需求，而且对如何进行有效农村信息服务供给有较强的指导意义，下文对农村信息服务的主观需求还有进一步的分析和研究。

（3）家庭因素方面

通过模型研究发现，家庭劳动力数量和家庭收入来源对农村信息服务的客观需求存在显著影响。家庭劳动力数量越多，对信息服务需求就越强烈，信息服务需求的种类就越复杂多样，因此，在信息服务供给中要考虑家庭信息需求的多样性。家庭收入来源影响农村信息需求，农业收入和非农业收入来源导致信息需求差别明显，因此信息服务的供给要有针对性，只有这样，才能保证供给的有效性。

（4）经济因素方面

检验结果表明，农民人均收入和农民人均可支配收入均对农村信息服务的需求存在显著影响。收入的高低直接影响了农民对信息的接受意愿和信息需求种类：收入越高，信息需求意愿就越强烈，对农业新技术信息就越感兴趣。一般情况下认为农民收入是信息服务支付的基础和保障，有收入才能进行信息消费。因此，农村信息服务的供给要考虑农民的支付能力，就要从农民的收入入手。

（5）地理因素方面

反映地理位置的与省级公路距离、与乡镇中心距离、与县城中心距离这三个因素对农村信息服务的需求有显著影响。一般情况下，与省级公路距离越短、与乡镇中心距离越短、与县城中心距离越短，农民表现出对信息服务的需求的意愿就越强烈。这说明农村信息服务的需求存在区域差异，在进行农村信息服务供给时，应充分考虑地理因素的影响。

（6）认知因素方面

模型验证了对信息的认知程度、对信息的接受意识、对信息的接受能力这三个因素对农村信息服务需求的显著影响。这说明农民对信息的认知程度、对信息的接受意识和接受能力的提升，会大大提升农民对信息的需求程度。农村信息服务供给要根据农民三个方面的认知因素，提供对等的信息服务，以促进农村信息服务供需的均衡发展。

（7）政策因素方面

研究结果表明，国家信息化政策对农村信息需求有显著影响。国家信息化政策更多的是一种导向，在一定程度上引导着农村信息需求。因此，农村信息服务供给要考虑信息化政策的导向作用，把握好农村信息服务供给的宏观方向，助力农村信息供需矛盾的解决。

综上所述，从客观视角看，农村信息服务需求的影响因素，是农村信息需求延伸和升级的主要障碍，在很大程度上造成农村信息服务的供给动力不足和缺失，成为农村信息服务有效供给不足和供需失衡的内在原因。

5.4 本章小结

本章主要从客观视角对农村信息服务的客观需求问题进行了深入分析和探讨，得出了如下结论：

（1）传统的农村信息服务需求的影响因素分析，并没有考虑到因素之间的相关性，以至于因素本身携了大量的冗余信息，这对判断因素的影响程度形成了一定的干扰。以A县为例，利用偏相关分析的方法，通过计算F值，剔除了具有高度重复信息的影响因素，降低计算的复杂度。构建了Probit回归模型，对农村信息服务需求的影响因素进行检验，通过回归系数以及检验概率的对比，将与农村信息服务需求相关性不显著者甄别删除，引入ROC曲线对上述结果进行二次检验，提升了因素相关性的可信度。

（2）农村信息服务的24个需求影响因素通过直接或间接的方式影响着农村信息服务供给。本章分别从客观环境、主体特征、家庭、经济、地理、认知和政策七个方面为农村信息服务供给提供了依据，例如，农村信息服务供给中应该完善信息基础设施建设、培养信息服务人才、提供差异化和个性化信息服务等。同时，研究结果也从侧面证实了农民对信息的认知能力、接受意识和接受能力这类因素对农村信息服务供给的影响。

本部分中以 A 县为例进行的实证分析，为第 6 章 "农村信息服务需求侧分析：主观视角"、第 7 章 "农村信息服务供给侧分析：行动主体视角"、第 8 章 "完善农村信息服务的对策及建议：供需均衡视角" 提供了理论基础和依据。

6

农村信息服务需求侧分析：主观视角

根据上一章的结论，主体因素也是造成农村信息服务供给不足的重要原因，因此，本章从需求侧出发，针对主体的主观意愿，基于多种理论的组合，进行变量设计，构建农村信息服务的主观需求分析模型，深入分析农村信息服务的主观需求的影响因素，为解决农村信息服务供需不均衡问题提供理论依据。

6.1 农村信息服务的主观需求影响因素分析

本研究从技术接受理论、创新扩散理论、信任机制、目标定向理论等出发，衍生出农村信息服务的主观影响因素，并结合农民的特征作为调节因素，进行深入分析和探讨。

（1）基于技术接受理论的影响因素

基于技术接受理论，本书考虑表现期望、努力期望、社会影响、便利条件、享受动机、价格价值和个人习惯这七个影响因素。

表现期望是指某项技术或者某种信息向用户提供利益的大小或程度。在本研究中，表现期望主要是指农村信息服务的需求主体，即农民，在接受外来相关信息的过程中，所获利益大小或有利程度。如果农民认为自己在接受信息的过程中获利，那么他们将很乐意接受该信息。随着农村信息服务传播渠道越来越广泛，农村综合信息服务平台为农民提供了丰富的信息来源，计算机、电视以及互联网的普及为农民接收信息提供了多种渠道，而移动互联网为农民在任何时间、任何地点接收信息提供了可能性。

努力期望是指农村信息服务的需求主体为接收并理解接收到的信息而付出的努力程度。农民在接收信息的便利性方面存在一定差异，比如农民有手机、计算机、电视等多种接收信息的方式。另外，由于多重因素的影响，农民对信息的理解能力也存在较大差异。一般认为努力期望越大，他们对信息接收和理解的意愿也越强，这表明农民愿意付出努力去接收并理解信息。

社会影响是指农村信息服务的需求主体认为重要的，而且社会中其他人认为他们应该接受某类信息的程度。社会影响的产生主要是因为农村信息主体自我决策意识较差，需要做出决断时，他们会通过自己的社交网络来解决，比如向家人、邻居、亲戚、朋友等群体进行咨询。

便利条件是指，农村信息服务需求主体能够感受到信息基础设施的存在，以便能够在合适的时机进行使用。比如，移动互联网的存在以及手机客户端的普及，为农民接收信息提供了便利平台。接受过相关教育培训，或者具备相应的信息技术条件的农民，对信息具有更为强烈的采纳意愿。

享受动机是指农村信息服务的需求主体在信息采纳过程中产生的乐趣。享受动机在确定信息采纳程度方面起着非常重要的作用。被采纳的信息给农民带来的愉悦感越强烈，农民对信息的采纳程度就越高。因此，农村信息主体获得了更高的精神或者物质方面的享受，该主体对信息的接受意愿就更为强烈。

价格价值是指农村信息服务的需求主体在采纳、使用信息的过程中付出的成本与通过信息获得的价值（包括精神上和物质上）之间的差值。信息使用成本包含了技术平台服务成本、相关设备成本以及信息服务成本等。当通过信息获取的价值大于付出成本的时候，价格价值为正。

个人习惯是农村信息服务的需求主体对以前经验总结的综合结果。农民经常将之前的行为作为标准，来指导自身未来的行为。

（2）附加变量影响因素

基于创新扩散理论、信任机制和目标定向理论，本书分别考虑个人创新性、信任度和目标定向这三个附加影响因素。

在创新活动研究中，人们发现善于创新的人一般具备一个共同的特征，即善于接受新事物。该群体对于不确定性事件有较强的应对能力，而且对于新信息的采纳意愿远远高于其他群体。

当前主要的农村信息服务的需求主体仍然是农民，他们是农业生产的主力军，农民除了依靠家人、邻居、亲戚、朋友等获取信息之外，更多的是依靠互联网获取并采纳信息服务。为了避免虚假或者错误性信息给农民带来的任何风险，信息来源、信息传播渠道以及信息本身的可靠性就成为农民必须考虑和甄别的重点。

多数农民的收入依然来源于农业生产。因此，农民会想尽各种办法来提升自身收入，不但要根据市场需求调整自己的种植种类，还需要通过科学化的种植提升农作物的产量。为此，农民需要努力学习各种知识，以便掌握更多的相关技能，以达到预期目标。

（3）调节变量影响因素

本书根据研究对象情况和研究的实际需要，引入了农民的年龄和经验两个调节变量作为间接影响因素。假设年龄和经验对模型中需求主体的信息采纳意愿有较大影响，本研究将研究对象分为两组：一组是经过培训教育的，称为有经验组；另一个组是没有经过培训教育的，称为无经验组。因此，设计与之相关的两个调节变量，即年龄和经验。

一般情况下，年龄对于新技术的采纳程度影响较大，先是随着年龄的增长，人们倾向并且渴望新事物或新技术，但是随着年龄的进一步增大，阅历越来越丰富，理性思维逐步占据了上风，人们对新技术的态度逐渐由开始的渴望变为谨慎，甚至会质疑。因此，年龄对于技术接受模型中的变量存在影响。

经验与年龄相关，但并不唯一相关。一般情况下，随着年龄的增长，经验会越来越丰富。经验增长的初期表现为人们对新技术的采纳呈现较为积极的态度；经验增长的中后期，人们对新技术的接受逐步变得谨慎。因此，经验对技术接受模型中的变量存在影响。

6.2 农村信息服务的主观需求分析模型

6.2.1 假设提出与模型构建

基于技术接受理论，本书考虑表现期望、努力期望、社会影响、便利条件、享受动机、价格价值和个人习惯这7个影响因素。同时，基于创新扩散理论、信任机制和目标定向理论，引入个人创新性、信任度和目标定向这3个附加因素。此外，结合研究对象和实际需求，引入农民的年龄和经验作为调节变量，它们是间接影响因素。在对上述因素进行深入分析的基础上做出相应的假设。

假设H1：表现期望正向影响需求主体的信息采纳意愿；

假设H2：努力期望正向影响需求主体的信息采纳意愿；

假设H3：社会影响正向影响需求主体的信息采纳意愿；

假设H4：便利条件正向影响需求主体的信息采纳意愿；

假设H5：享受动机正向影响需求主体的信息采纳意愿；

假设H6：价格价值正向影响需求主体的信息采纳意愿；

假设H7：个人习惯正向影响需求主体的信息采纳意愿；

假设H8：个人创新性正向影响需求主体的信息采纳意愿；

假设H9：信任度正向影响需求主体的信息采纳意愿；

假设H10：目标定向正向影响需求主体的信息采纳意愿。

考虑计划行为理论中的行为态度和主观规范因素，结合技术接受模型中的感知有用性和感知易用性因素，作为技术接受理论变量的理论基础。在新公共服务理论视角下，结合技术接受模型、创新扩散理论、信任机制和目标定向理论，建立农民信息服务主观需求分析模型（如图6-1所示）。

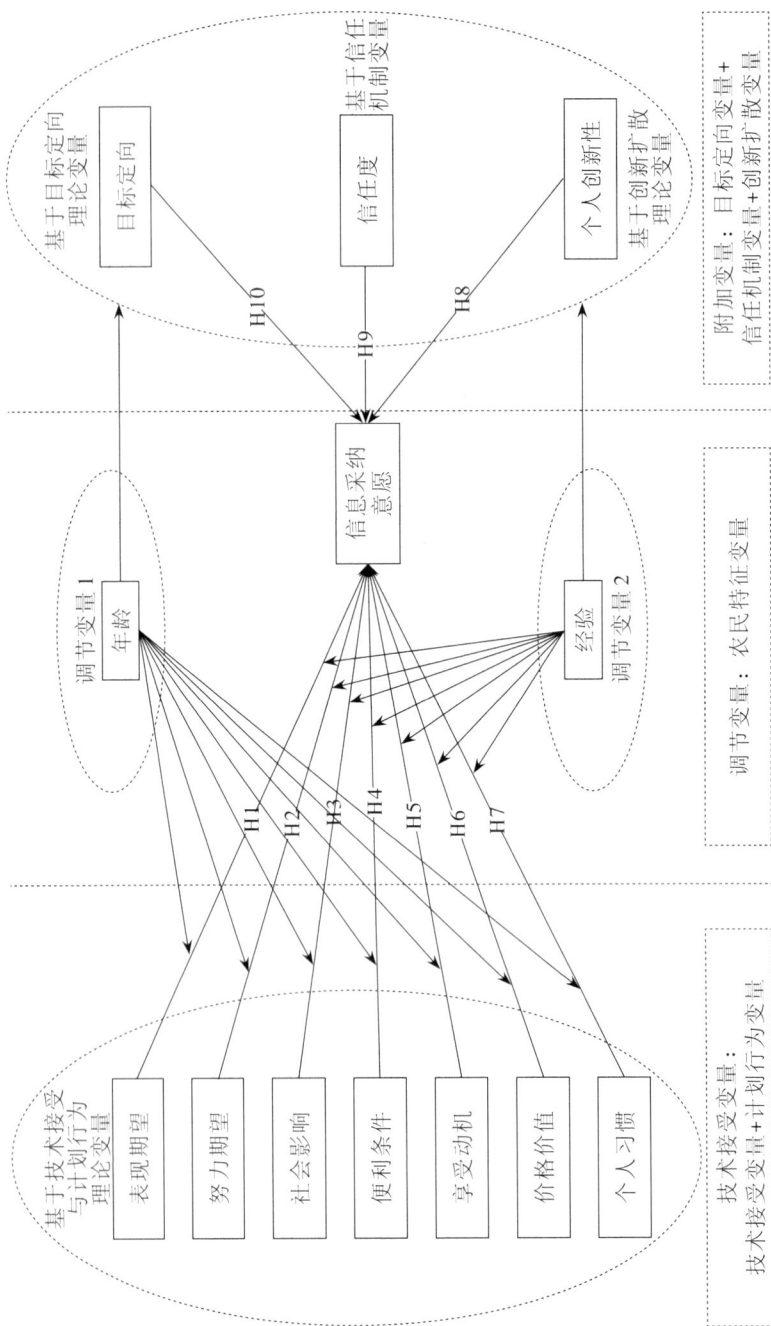

图6-1 农民信息服务的主观需求分析模型

基于目标定向理论变量　目标定向

基于信任机制变量　信任度

基于创新扩散理论变量　个人创新性

附加变量：目标定向变量+信任机制变量+创新扩散变量

H10　H9　H8

信息采纳意愿

调节变量：农民特征变量

调节变量1　年龄

调节变量2　经验

H1　H2　H3　H4　H5　H6　H7

基于技术接受与计划行为理论变量

表现期望

努力期望

社会影响

便利条件

享受动机

价格价值

个人习惯

技术接受变量：技术接受变量+计划行为变量

本节设计农村信息服务的主观需求分析实证研究，包括变量的定义与测量、问卷的形成、问卷的测试与改进，以及相关的数据统计方法等。

6.2.2 变量测量与量表设计

本研究中变量表中的表现期望、努力期望、社会影响、便利条件、享受动机、价格价值以及个人习惯主要是基于技术接受理论，并结合对部分农民进行信息服务采纳意愿相关访谈的研究结果进行设计的。基于创新扩散理论的变量表中主要基于罗杰斯-休梅克创新扩散模型中的创新理论的扩散过程设计相关变量。基于信任机制的变量表中主要考虑三种不同的信任类型，同时也结合相关访谈结果进行变量设计。基于目标定向理论的变量表中主要依据目标趋向的类型进行相关变量设计，见表6-1、表6-2、表6-3和表6-4。

表6-1　　　　　　　　技术接受因素量表题项设计

变量名称	题项名称	题项描述
表现期望	PE1	通过接收相关信息我能够获取物质上的利益
	PE2	通过接收相关信息我能够获取精神上的利益
	PE3	通过接收相关信息我能够获取物质上和精神上的双重利益
努力期望	EE1	为了接收信息方便我愿意花钱购买手机、计算机、电视等信息接收端
	EE2	为了接收信息方便我愿意为网络租用支付一定的费用
	EE3	为了接收信息方便我愿意参加相关的教育培训活动

变量名称	题项名称	题项描述
社会影响	SI1	其他家庭成员认为我应该接收相关信息
	SI2	我的亲戚朋友认为我应该接收相关信息
	SI3	周围其他人都在接收相关信息所以我也应该接收相关信息
便利条件	FC1	互联网等设施为我接收信息提供了渠道
	FC2	手机、计算机、电视等为我接收信息提供平台
	FC3	各种教育培训活动为我接收信息提供了方法指导
享受动机	HM1	为了能够在接受信息过程中获得精神上的愉悦享受
	HM2	为了能够在接受信息后获得物质方面的回报和享受
	HM3	为了能够在接受信息、加工信息、使用信息过程中获得成就感
价格价值	PV1	我认为通过接受信息获得的精神满足价值远远大于购买平台的投入
	PV2	我认为通过接受信息获得的物质收入远远大于购买平台的投入
个人习惯	HA1	我认为以前的心理活动影响我对信息的接受程度
	HA2	我认为以前的行为活动影响我对信息的接受程度

表 6-2　　　　　　　　年龄和经验因素量表题项设计

变量名称	题项名称	题项描述
年龄	AG1	对信息的接收持开放态度
	AG2	对是否接收信息需要经过慎重的自我判断
	AG3	没有接受新事物的动力和欲望
经验	EX1	我很愿意接收各种信息
	EX2	我对信息的接收持谨慎态度
	EX3	我不太喜欢接受新鲜事物

表6-3 附加因素量表题项设计

变量名称	题项名称	题项描述
个人创新性	IN1	我特别愿意接受新鲜事物
	IN2	我能很好地应对突发性事件
	IN3	我是一个善于钻研、善于创新的人
信任度	TR1	我绝对信任从家人朋友处获得的信息
	TR2	我会事先对不确定来源的信息进行甄别和检验
	TR3	我是否接收相关信息取决于风险的大小
目标定向	GO1	我会为了完成自己的目标去选择接收相关信息
	GO2	我会为了提升自身的技能而选择接收相关信息

表6-4 结果量表的题项设计

变量名称	题项名称	题项描述
信息接受意愿	AI1	我有强烈接受信息的愿望
	AI2	我可以接收相关信息
	AI3	我对于是否接受信息无所谓
	AI4	我拒绝接收相关信息

本部分将上一节中的模型以及各类题项进行汇总，然后结合调查对象的个人背景信息，形成初始的关于农民信息接受意愿的调查问卷。本次调查问卷的内容主要分为五个部分：第一部分是调查对象的相关背景信息。第二部分基于技术接受理论，包含表现期望、努力期望、社会影响、便利条件、享受动机、价格价值和个人习惯这七个方面，共19个问题。第三部分主要是有关调节变量的作用，包含了有关年龄和经验的6个题目。第四部分是附加因素的问题调查，主要包

含了有关个人创新性、信任度以及目标定向这三个方面的8个问题。第五部分是有关信息接受意愿的问题，该部分包含了4个题目。该问卷除了第一部分之外，都是采用李克特量表对变量进行测量的。初始问卷设计应该遵循以下原则：一是研究模型的科学性；二是变量题项的多样性；三是调研对象的合理性。

为提高最终问卷的信度和效度，避免小概率事件发生，在进行正式问卷调查之前，进行了小样本问卷的预调查。这次调查共计发放问卷100份，调查对象分布在A县的10个村。本次调查一共收回问卷100份，有不完整或应付性填写情况的无效问卷14份，最终形成有效问卷86份，有效率86%。本次预调查中样本的男女性别比例为1:1；年龄在20~65岁；学历以小学及以下、初中和高中为主，占比超过了80%，大专及以上的占比不到20%；收入来源多以农业、养殖业为主，占比约为85%，少数收入来源于个体经营，占比15%。

6.2.3　预调查信度效度检验

本研究采用IBM SPSS Statistics 20作为信度和效度的检验工具。该检验的目的是对问卷中的题目进行信度分析，并分析问卷的效度。本研究运用相关系数分析法，对调整后的题项进行相关性分析，以便去除相关性较低的题项。根据一般信度检验的标准和原则，如果总相关系数小于0.5，则删除该题项；如果总相关系数大于等于0.5，则保留题项。同时，如果参数信度系数值大于0.6，则接受题项。删除某题项导致了总信度系数的增加，则需删除。若总信度系数较小，而删除某一题项使得总信度系数增大，可以删除该题项。在探索性因子检验中，需要删除具有高重合性且载荷系数小于0.4的题项。

（1）题项的信度分析

①基于技术接受理论的影响因素的信度分析（见表6-5）

表6-5　　　　　　基于技术接受理论因素的信度分析

变量名称	题项名称	总相关系数	删除后的α系数	信度系数
表现期望	PE1	0.571	0.697	0.824
	PE2	0.648	0.758	
	PE3	0.712	0.883	
努力期望	EE1	0.845	0.831	0.796
	EE2	0.697	0.879	
	EE3	0.753	0.818	
社会影响	SI1	0.581	0.669	0.835
	SI2	0.615	0.758	
	SI3	0.633	0.774	
便利条件	FC1	0.714	0.811	0.903
	FC2	0.806	0.825	
	FC3	0.599	0.678	
享受动机	HM1	0.836	0.872	0.881
	HM2	0.714	0.778	
	HM3	0.642	0.715	
价格价值	PV1	0.893	0.932	0.847
	PV2	0.924	0.946	
个人习惯	HA1	0.587	0.763	0.768
	HA2	0.639	0.771	

基于技术接受理论的各维度变量测量题项的总相关系数值均大于 0.5，且各维度变量的 α 系数分别为 0.824、0.796、0.835、0.903、0.881、0.847、0.768，均大于 0.6，可以看出，量表的技术接受理论因素部分具有较高的信度，达到了预设标准，见表6-5。

②调节变量的信度分析

调节变量因素部分中的各变量的总相关系数均大于0.5，各维度变量的α系数分别为0.893、0.901，均大于0.6，这表明量表的调节变量部分具有较高信度，达到了预设标准（见表6-6）。

表6-6　　　　　　　　　　　**调节变量因素的信度分析**

变量名称	题项名称	总相关系数	删除后的α系数	信度系数
年龄	AG1	0.739	0.851	0.893
	AG2	0.819	0.932	
	AG3	0.675	0.789	
经验	EX1	0.883	0.921	0.901
	EX2	0.714	0.833	
	EX3	0.789	0.841	

③附加因素的信度分析

附加因素各变量的总相关系数均大于0.5，且各维度变量的α系数分别为0.874、0.933、0.751，均大于0.6，可以看出，量表的附加因素部分具有较高的信度，达到了预设标准，见表6-7。

表6-7　　　　　　　　　　　**附加因素的信度分析**

变量名称	题项名称	总相关系数	删除后的α系数	信度系数
个人创新性	IN1	0.858	0.921	0.874
	IN2	0.704	0.829	
	IN3	0.896	0.866	
信任度	TR1	0.925	0.945	0.933
	TR2	0.843	0.899	
	TR3	0.967	0.970	
目标定向	GO1	0.833	0.874	0.751
	GO2	0.678	0.710	

④农村信息主观需求意愿的信度分析

信息服务采纳意愿各维度变量测量题项的总相关系数值均大于0.5，且各维度变量的α系数为0.873，大于0.6，可以看出，量表的信息采纳意愿部分具有较高的信度，达到了预设标准，见表6-8。

表6-8　　　　　农村信息服务的主观需求意愿信度分析

变量名称	题项名称	总相关系数	删除后的α系数	信度系数
信息主观需求意愿	AI1	0.702	0.829	0.873
	AI2	0.811	0.900	
	AI3	0.698	0.725	
	AI4	0.769	0.868	

（2）探索性因子分析

①基于技术接受理论因素的探索性因子分析

对基于技术接受理论因素各维度的测量题项进行探索性因子分析，结果显示，KMO值为0.911，Bartlett球形检验卡方值为1 577.230，显著性概率值为0。这表明数据适合进行因子分析。因此，采用主成分分析法提取主要因素，并通过最大方差正交旋转法进行因子旋转，最终得到7个因子，且这些因子的特征值均大于1，满足分析条件。计算所得因子的载荷值以及累计解释方差，计算结果见表6-9。通过分析发现：基于技术接受理论的各因素的因子载荷值均大于0.5。同时，7个因素的累计解释方差值为85.769%，这说明基于技术接受理论的因素可由7个因子组成。

表 6-9　　　　　　　基于技术接受理论因素的探索性因子分析

变量名称	题项名称	因子 1	因子 2	因子 3	因子 4	因子 5	因子 6	因子 7	累计解释方差
表现期望	PE1	0.773							
	PE2	0.689							30.325%
	PE3	0.815							
努力期望	EE1		0.711						
	EE2		0.739						47.448%
	EE3		0.820						
社会影响	SI1			0.649					
	SI2			0.701					55.109%
	SI3			0.774					
便利条件	FC1				0.630				
	FC2				0.697				63.468%
	FC3				0.739				
享受动机	HM1					0.800			
	HM2					0.718			70.455%
	HM3					0.746			
价格价值	PV1						0.868		
	PV2						0.911		76.814%
个人习惯	HA1							0.755	85.769%
	HA2							0.816	

分析结果与模型中提出的假设一致，即基于技术接受理论的影响因素可以由表现期望、努力期望、社会影响、便利条件、享受动机、

价格价值和个人习惯这七个因素组成，同时说明基于技术接受理论因素的量表具有较好的效度。

②调节变量的探索性因子分析

对调节变量因素各维度的测量题项进行探索性因子分析，结果如下，KMO值为0.875，Bartlett球形检验卡方值为778.921，显著性概率值为0。这表明数据适合进行因子分析。因此，采用主成分分析法提取主要因素，并运用最大方差正交法进行因子旋转，最终得到2个因子，且这些因子的特征值均大于1（具体计算结果见表6-10）。

表6-10 调节变量的探索性因子分析

变量名称	题项名称	因子1	因子2	累计解释方差
年龄	AG1	0.699		38.779%
	AG2	0.736		
	AG3	0.815		
经验	EX1		0.715	69.236%
	EX2		0.776	
	EX3		0.687	

分析发现，调节变量因素的因子载荷值均大于0.5，且2个因子的累计解释方差值为69.236%。这表明调节变量因素可以由2个因子组成，与模型中提出的假设一致，即调节变量因素可由年龄和经验组成，同时说明调节变量因素的量表具有较好的效度。

③附加因素的探索性因子分析

对附加因素各维度的测量题项进行探索性因子分析，结果显示，KMO值为0.851，Bartlett球形检验卡方值为1 369.210，显著性概率值为0。这表明数据适合进行因子分析。因此，采用主成分分析法提取主要因素，并运用最大方差正交法进行因子旋转，最终得到3个因子，且这些因子的特征值均大于1（具体计算结果见表6-11）。

表6-11 附加因素的探索性因子分析

变量名称	题项名称	因子1	因子2	因子3	累计解释方差
个人创新性	IN1	0.786			39.012%
	IN2	0.829			
	IN3	0.736			
信任度	TR1		0.898		51.443%
	TR2		0.785		
	TR3		0.815		
目标定向	GO1			0.722	69.336%
	GO2			0.698	

分析发现，附加变量中各因素的因子载荷值均大于0.5，且3个因子的累计解释方差值为69.336%。这表明附加因素可以由3个因子组成，与模型中提出的假设一致，即附加因素可由个人创新性、信任度和目标定向组成。这也说明附加因素的量表具有较好的效度。

④农村信息服务的主观需求信度分析

对农村信息主观需求因素各维度的测量题项进行探索性因子分析，结果显示，KMO值为0.913，Bartlett球形检验卡方值为962.338，显著性概率值为0。这表明数据适合进行因子分析。因此，采用主成分分析法提取主要因素，并运用最大方差正交法进行因子旋转，最终得到1个因子，且该因子的特征值大于1（具体计算结果见表6-12）。通过分析发现：农村信息服务采纳意愿因素的因子载荷值分别为：0.879、0.921、0.882、0.794，均大于0.5。同时该因素的累计解释方差值为48.360%，这说明农村信息服务采纳意愿可以输出为该因子，与提出的假设一致。这也说明农村信息服务的主观需求量表具有较好的效度。

表6-12 　　　　　　　农村信息主观需求的信度分析

变量名称	题项名称	因子	累计解释方差
农村信息服务的主观需求	AI1	0.879	48.360%
	AI2	0.921	
	AI3	0.882	
	AI4	0.794	

从上述信度和效度的分析结果看，问卷设计具有较好信度和效度，经过分析不需要删除任何题项，形成本研究最终的问卷。本研究运用结构方程模型检验调节变量对于基于技术接受理论因素的影响、基于技术接受理论的诸多因素对农村信息主观需求的影响、附加因素对农村信息服务主观需求的影响。

6.2.4　模型信度与效度分析

（1）研究样本的总体特征分析

根据本书的研究目标，确定研究对象为农村地区信息的主要使用者，即农村信息需求最重要的主体——农民。本研究采用问卷调查法。选取 A 县 30 个行政村，在村委会的协助下进行问卷的发放与填写。本次问卷与第 3 章中问卷同时进行发放与填写，大幅度节省了人力和物力成本。最终本次问卷回收 1 286 份。对所有回收问卷进行了检验分析，对于信息缺失较多以及答案唯一的问卷进行了摒弃，最终获得有效问卷 1 085 份，有效率为 84.4%。

首先对正式问卷中的调查对象进行人口统计信息的特征描述，1 085 份有效问卷代表了 1 085 个调查对象，也是本次调查的样本数量。

从表6-13可以看到，本次调查的样本中女性占比为73.6%，男性占比仅为26.4%，女性比例远高于男性比例，这与当地的男劳动力外出打工，留下女性劳动力在家务农有较大关系。从年龄分布看，20岁及以下的较少，主要考虑该群体多数为在校学生，因此参与人数不多；21~30岁、31~40岁、41~50岁之间分布比较均匀，差异不大；51岁及以上的占比略高。从整体年龄结构看，年轻人占比较大，代表了对农村信息需求比较旺盛的一个群体。从学历上看，整体学历偏低，受过高等教育的被调查对象占比仅为13.7%，这说明这个群体的整体文化水平不高。从职业结构看，从事农业相关工作的占比达到80.7%，这说明农村大多人还是靠农业谋生，从事非农业工作的群体占比不足20%。

表6-13 样本的描述性统计特征

人口统计变量	分类	数量（个）	比例（%）
性别	女	799	73.6
	男	286	26.4
年龄	20岁及以下	48	4.4
	21~30岁	185	17.1
	31~40岁	206	19.0
	41~50岁	267	24.6
	51岁及以上	379	34.9
学历	小学及以下	139	12.8
	初中和高中	797	73.5
	大专及以上	149	13.7
从事职业	农业	876	80.7
	非农业	209	19.3

本部分通过验证性因子分析来研究观测变量指标与潜在变量之间的

关联关系。因此，本研究分别针对技术接受理论因素、调节变量因素以及附加因素构建模型，并进行验证性因子分析以及信度和效度分析。

（2）基于技术接受理论因素的信度与效度分析

①基于技术接受理论因素的验证性因子分析模型

基于技术接受理论的农村信息服务的主观需求影响因素共有7个维度的19个测量指标。其中，表现期望包含3个指标、努力期望包含3个指标、社会影响包含3个指标、便利条件包含3个指标、享受动机包含3个指标、价格价值包含2个指标、个人习惯包含2个指标。基于技术接受理论因素的验证性因子分析模型如图6-2所示。

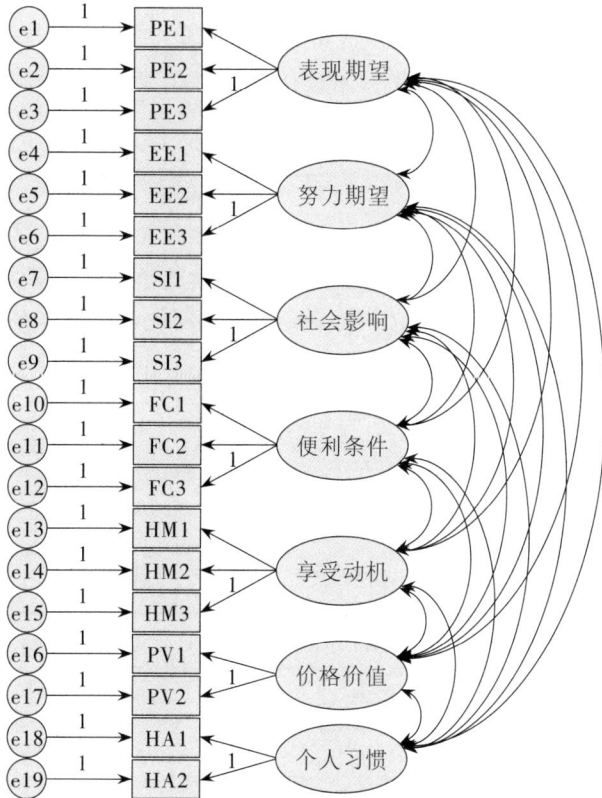

图6-2　基于技术接受理论的验证性因子分析模型

②基于技术接受理论因素的验证性因子适配度

利用IBM SPSS Amos 24对基于技术接受理论因素进行验证性因子分析，该模型的适配度相关系数分别为：NF=3.780、P=0.000、RMSEA=0.029、GFI=0.941、AGFI=0.958、NFI=0.943、CFI=0.912、IFI=0.981，从这些数据可以看出，模型的参数估计水平显著，整体效果良好，模型有效（见表6-14）。

表6-14　基于技术接受理论的验证性因子适配度系数及标准对比

适配度系数	NF	P	RMSEA	GFI	AGFI	NFI	CFI	IFI
最优标准	越小越好	<0.05 越小越好	<0.05 越小越好	>0.9 越接近1越好	>0.9 越接近1越好	>0.9 越接近1越好	>0.9 越接近1越好	>0.9 越接近1越好
本模型系数	3.780	0.000	0.029	0.941	0.958	0.943	0.912	0.981

③信度与效度分析

基于技术接受理论因素的变量的 CR > 0.7，α系数 > 0.7，验证了基于技术接受理论因素模型中相关的问卷题项设计合理，有较高的信度。同时，7个变量的标准化因子载荷均大于0.5，并且每个变量的AVE 都大于0.5，AVE值分别为0.685、0.634、0.718、0.744、0.786、0.689、0.813。故而，基于技术接受理论因素问卷部分具有较好的收敛性效度。具体见表6-15。

表6-15　基于技术接受理论因素的验证性因子分析结果

变量名称	题项名称	标准化因子载荷	t值	CR	AVE	α系数
表现期望	PE1	0.798	—	0.846	0.685	0.763
	PE2	0.685	15.321[***]			
	PE3	0.841	19.558[***]			

变量名称	题项名称	标准化因子载荷	t值	CR	AVE	α系数
努力期望	EE1	0.596	—	0.769	0.634	0.718
	EE2	0.882	18.320***			
	EE3	0.713	16.774***			
社会影响	SI1	0.675	—	0.895	0.718	0.884
	SI2	0.579	22.157***			
	SI3	0.752	24.630***			
便利条件	FC1	0.874	—	0.883	0.744	0.856
	FC2	0.654	15.228***			
	FC3	0.691	16.635***			
享受动机	HM1	0.739	—	0.912	0.786	0.896
	HM2	0.810	25.124***			
	HM3	0.728	22.369***			
价格价值	PV1	0.885	—	0.797	0.689	0.781
	PV2	0.914	31.225***			
个人习惯	HA1	0.822	—	0.906	0.813	0.890
	HA2	0.763	20.159***			

注：***表示显著水平 $p=0.001$，**表示显著水平 $p=0.01$。

问卷的区别效度可以通过比较变量的平均方差提取量（AVE）的平方根与该变量与其他变量的相关系数来测量。如果某变量的 AVE 平方根大于该变量与其他变量的相关系数，则认为该变量具有较好的区别效度。反之，则认为区别效度较差。基于技术接受理论因素的 AVE 平方根与各个变量之间的相关系数见表6-16，从表中数据可以看出，基于技术接受理论因素每个变量的 AVE 平方根均大于它与其他变量之间的相关系数，因此基于技术接受理论因素部分的问卷有较好的区别效度。

表6-16 基于技术接受理论的AVE平方根与各变量之间的相关系数

变量名称	表现期望	努力期望	社会影响	便利条件	享受动机	价格价值	个人习惯
表现期望	0.765						
努力期望	0.312	0.771					
社会影响	0.114	0.301	0.832				
便利条件	0.025	0.058	0.402	0.810			
享受动机	0.108	0.227	0.055	0.020	0.787		
价格价值	0.059	0.041	0.033	0.117	0.251	0.836	
个人习惯	0.163	0.029	0.331	0.069	0.073	0.022	0.884

（3）调节变量信度与效度分析

①调节变量的验证性因子分析模型

与调节变量相关的农村信息服务的主观需求影响因素共涉及2个维度的6个测量指标。分别为年龄的3个指标和经验的3个指标。调节变量年龄和经验因素的验证性因子分析模型如图6-3所示。

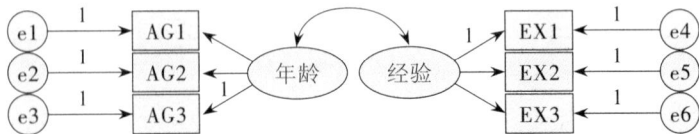

图6-3 调节变量的验证性因子分析模型

②调节变量因素的验证性因子适配度

利用IBM SPSS Amos 24对调节变量因素进行验证性因子分析，得到的模型适配度相关系数如下：NF=4.669、P=0.000、RMSEA=0.036、GFI=0.919、AGFI=0.946、NFI=0.937、CFI=0.955、IFI=0.973。这些

数据表明模型的参数估计水平显著，整体拟合效果良好，模型有效。具体见表6-17。

表6-17　　调节变量因素的验证性因子适配度系数及标准对比

适配度系数	NF	P	RMSEA	GFI	AGFI	NFI	CFI	IFI
最优标准	越小越好	<0.05越小越好	<0.05越小越好	>0.9越接近1越好	>0.9越接近1越好	>0.9越接近1越好	>0.9越接近1越好	>0.9越接近1越好
本模型系数	4.669	0.000	0.036	0.919	0.946	0.937	0.955	0.973

③信度与效度分析

调节变量因素的2个变量的组合的CR > 0.7，α系数 > 0.7，说明了调节变量因素模型中相关的问卷题项设计合理，有较高的信度。同时，2个变量的标准化因子载荷均大于0.5，并且每个变量的AVE都大于0.5，AVE值分别为0.586、0.730。故而，调节变量因素问卷部分具有较好的收敛性效度。具体见表6-18。

表6-18　　　　调节变量因素的验证性因子分析结果

变量名称	题项名称	标准化因子载荷	t值	CR	AVE	α系数
年龄	AG1	0.835	—	0.873	0.586	0.805
	AG2	0.796	16.435***			
	AG3	0.880	18.566***			
经验	EX1	0.716	—	0.960	0.730	0.917
	EX2	0.925	22.158***			
	EX3	0.817	20.789***			

注：***表示显著水平$p=0.001$，**表示显著水平$p=0.01$。

问卷的区别效度可以通过变量的AVE平方根与变量之间的相关系数来测量，如果变量的AVE平方根大于该变量与其他变量的相关系数，则认为区别效度较好。反之，则认为区别效度较差。调节变量因素的 AVE 平方根与各个变量之间的相关系数见表 6-19，从表中数据可以看出调节变量因素的区别效度显著。

表 6-19 调节变量因素的 AVE 平方根与各个变量之间的相关系数

变量名称	年龄	经验
年龄	0.873	
经验	0.446	0.795

（4）附加变量信度与效度分析

①附加变量的验证性因子分析模型

与附加变量相关的农村信息服务的主观需求影响因素共涉及 3 个维度的 8 个测量指标，分别为个人创新性的 3 个指标、信任度的 3 个指标和目标定向的 2 个指标。附加变量因素的验证性因子分析模型如图 6-4 所示。

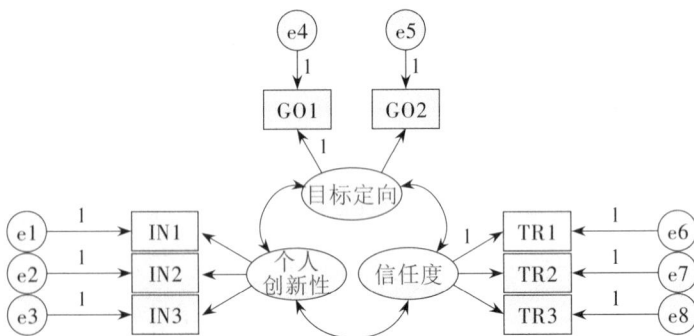

图 6-4　附加变量的验证性因子分析模型

②附加变量因素的验证性因子适配度

利用 IBM SPSS Amos 24 对附加变量因素进行验证性因子分析，该模型的适配度相关系数分别为：NF=3.978、P=0.000、RMSEA=0.014、GFI=0.933、AGFI=0.962、NFI=0.926、CFI=0.948、IFI=0.957，从数据中很容易看出，该模型中的参数估计水平显著，效果良好，模型有效。具体见表6-20。

表6-20　　　　附加变量的验证性因子适配度系数及标准对比

适配度系数	NF	P	RMSEA	GFI	AGFI	NFI	CFI	IFI
最优标准	越小越好	<0.05越小越好	<0.05越小越好	>0.9越接近1越好	>0.9越接近1越好	>0.9越接近1越好	>0.9越接近1越好	>0.9越接近1越好
本模型系数	3.978	0.000	0.014	0.933	0.962	0.926	0.948	0.957

③信度与效度分析

附加变量因素中的3个变量的组合CR > 0.7，α系数 > 0.7，说明了附加变量因素模型中相关的问卷题项设计合理，有较高的信度。同时，3个变量的标准化因子载荷均大于0.5，并且每个变量的AVE都大于0.5，AVE值分别为0.645、0.792、0.710。故而，附加变量因素问卷部分具有较好的收敛性效度。具体见表6-21。

表6-21　　　　　　　附加变量的验证性因子分析结果

变量名称	题项名称	标准化因子载荷	t值	CR	AVE	α系数
个人创新性	IN1	0.630	—	0.766	0.645	0.791
	IN2	0.781	18.664			
	IN3	0.766	18.147			
信任度	TR1	0.796	—	0.915	0.792	0.932
	TR2	0.887	24.328			
	TR3	0.905	26.665			
目标定向	GO1	0.735	—	0.833	0.710	0.843
	GO2	0.846	20.179			

问卷的区别效度可以通过变量的AVE平方根与变量之间的相关系数来测量，如果变量的平方根大于该变量与其他变量的相关系数，

则认为区别效度较好。反之，则认为区别效度较差。附加变量因素的AVE平方根与各个变量之间的相关系数见表6-22，从表中数据可以看出，附加变量因素的区别效度较好。

表6-22　附加变量的AVE平方根与各个变量之间的相关系数

变量名称	个人创新性	信任度	目标定向
个人创新性	0.756		
信任度	0.056	0.889	
目标定向	0.106	0.213	0.837

6.3　农村信息服务的主观需求实证分析

本节主要通过结构方程模型的路径来验证上述假设，由于模型中涉及的变量较多，为了减少多因素间互相干扰引起的路径效果降低问题，通过建立3个结构方程构建路径：第一，构建基于技术接受理论因素影响农村信息服务的主观需求结构方程，进行假设检验；第二，构建调节变量通过作用于技术接受理论因素间接影响农村信息服务的主观需求结构方程，进行假设检验；第三，构建附加因素影响农村信息服务的主观需求结构方程，进行假设检验。

6.3.1　基于技术接受理论的影响分析

（1）结构方程建模

基于技术接受理论因素影响农村信息服务的主观需求结构方程构造过程如下：假设7个自变量分别代表7个因素，即外源潜变量，其中，ξ_1——表现期望，ξ_2——努力期望，ξ_3——社会影响，ξ_4——便利条件，ξ_5——享受动机，ξ_6——价格价值，ξ_7——个人习惯。农村信息主观需求为因变量，即内生变量，用η表示。γ_1，γ_2，γ_3，γ_4，γ_5，γ_6，γ_7分别表示7个因素影响农村信息服务的主观需求路径系数。ζ为结构方程的误差。因此，基于技术接受理论因素影响农村信息服务的主观需求结构方程如下：

$$\eta = \gamma_1\xi_1 + \gamma_2\xi_2 + \gamma_3\xi_3 + \gamma_4\xi_4 + \gamma_5\xi_5 + \gamma_6\xi_6 + \gamma_7\xi_7 + \zeta \qquad (6-1)$$

基于技术接受理论因素影响农村信息服务主观需求的结构方程模型如图6-5所示。

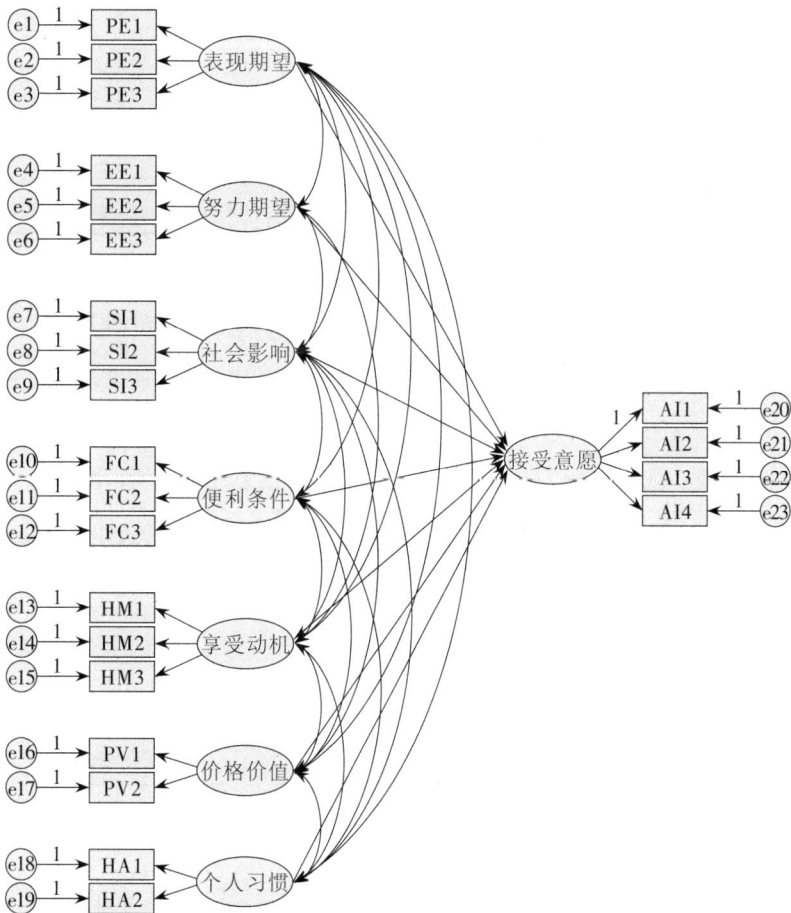

图6-5　基于技术接受理论因素影响农村信息服务主观需求结构方程模型

（2）模型评价

使用 IBM SPSS AMOS 24，用极大似然法，运行基于技术接受理论因素影响农村信息服务的主观需求结构方程模型，该模型的适配度相关系数分别为：NF=3.998、P=0.000、RMSEA=0.016、GFI=0.941、AGFI=0.967、NFI=0.935、CFI=0.951、IFI=0.960，从数据中很容易看出，该模型中的参数估计水平显著，效果良好，模型有效。具体见表6-23。

表6-23　基于技术接受理论的模型适配度系数及标准对比

适配度系数	NF	P	RMSEA	GFI	AGFI	NFI	CFI	IFI
最优标准	越小越好	<0.05越小越好	<0.05越小越好	>0.9越接近1越好	>0.9越接近1越好	>0.9越接近1越好	>0.9越接近1越好	>0.9越接近1越好
本模型系数	3.998	0.000	0.016	0.941	0.967	0.935	0.951	0.960

（3）结构方程的路径分析及假设检验结果

根据上述结构方程模型的运行结果，对基于技术接受理论因素影响农村信息服务主观需求的路径进行分析，并对相关假设进行了检验。从结果中可以看出，表现期望（$\beta=0.215$，$t=3.712$，$p<0.001$）、努力期望（$\beta=0.274$，$t=3.047$，$p<0.01$）和价格价值（$\beta=0.258$，$t=2.784$，$p<0.001$）对农村信息服务的主观需求有显著影响，而社会影响、便利条件、享受动机和个人习惯对农村信息服务的主观需求影响不显著，具体结果见表6-24。

表6-24　基于技术接受理论因素影响农村信息服务主观需求的假设检验

模型路径	假设检验			不显著路径	
	路径系数	t值	假设检验	路径系数	t值
表现期望→信息服务主观需求	0.215	2.186***	接受	0.269	3.712***
努力期望→信息服务主观需求	0.274	2.459**	接受	0.231	3.047**

模型路径	假设检验			不显著路径	
	路径系数	t值	假设检验	路径系数	t值
社会影响→信息服务主观需求	0.016	0.568	拒绝	—	—
便利条件→信息服务主观需求	−0.075	1.325	拒绝	—	—
享受动机→信息服务主观需求	0.089	0.774	拒绝	—	—
价格价值→信息服务主观需求	0.258	2.665***	接受	0.229	2.784***
个人习惯→信息服务主观需求	0.093	0.609	拒绝	—	—

注：***表示显著水平 $p=0.001$ ，**表示显著水平 $p=0.01$ 。

根据模型中的路径分析结果，把社会影响与农村信息服务主观需求、便利条件与信息采纳意愿、享受动机与农村信息服务主观需求、个人习惯与农村信息服务主观需求之间的路径删除，对模型进行进一步修正。修正后的模型的适配度相关系数分别为：NF=3.715、P=0.000、RMSEA=0.010、 GFI=0.948、 AGFI=0.975、 NFI=0.938、 CFI=0.957、IFI=0.966，具体见表6-25。

表6-25　修正后基于技术接受理论因素的模型的适配度系数及标准对比

适配度系数	NF	P	RMSEA	GFI	AGFI	NFI	CFI	IFI
最优标准	越小越好	<0.05越小越好	<0.05越小越好	>0.9越接近1越好	>0.9越接近1越好	>0.9越接近1越好	>0.9越接近1越好	>0.9越接近1越好
本模型系数	3.715	0.000	0.010	0.948	0.975	0.938	0.957	0.966

很容易看出，修正后的模型适配度系数比修正前有了提高。修正后的模型如图6-6所示。

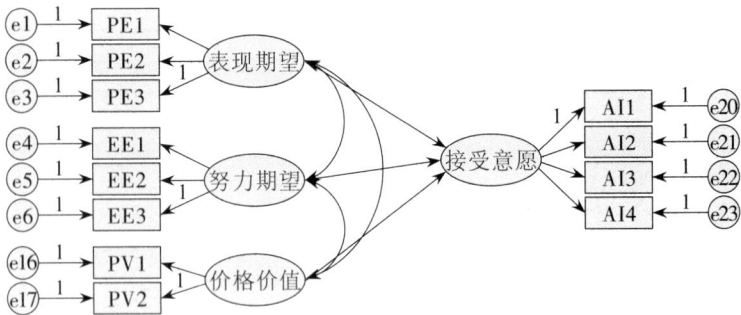

图 6-6　修正后的基于技术接受理论的农村信息服务主观需求模型

6.3.2　需求主体特征的间接影响分析

（1）结构方程建模

调节变量因素影响基于技术接受理论因素的结构方程构造过程如下：假设 2 个自变量分别代表 2 个因素，即外源潜变量，其中，ξ_8——年龄，ξ_9——经验。基于技术接受理论的各因素为因变量，即内生变量，分别用 η_1，η_2，η_3，η_4，η_5，η_6，η_7 表示。γ_{8a}，γ_{8b}，γ_{8c}，γ_{8d}，γ_{8e}，γ_{8f}，γ_{8g} 分别表示年龄因素对于基于技术接受理论 7 个因素的路径系数。γ_{9a}，γ_{9b}，γ_{9c}，γ_{9d}，γ_{9e}，γ_{9f}，γ_{9g} 分别表示经验因素对于基于技术接受理论 7 个因素的路径系数。ζ_1，ζ_2，ζ_3，ζ_4，ζ_5，ζ_6，ζ_7 为结构方程的误差。因此，调节变量因素对基于技术接受理论因素影响的结构方程如下：

$$\left\{ \begin{array}{l} \eta_1 = \gamma_{8a}\xi_8 + \gamma_{9a}\xi_9 + \zeta_1 \\ \eta_2 = \gamma_{8b}\xi_8 + \gamma_{9b}\xi_9 + \zeta_2 \\ \eta_3 = \gamma_{8c}\xi_8 + \gamma_{9c}\xi_9 + \zeta_3 \\ \eta_4 = \gamma_{8d}\xi_8 + \gamma_{9d}\xi_9 + \zeta_4 \\ \eta_5 = \gamma_{8e}\xi_8 + \gamma_{9e}\xi_9 + \zeta_5 \\ \eta_6 = \gamma_{8f}\xi_8 + \gamma_{9f}\xi_9 + \zeta_6 \\ \eta_7 = \gamma_{8g}\xi_8 + \gamma_{9g}\xi_9 + \zeta_7 \end{array} \right. \tag{6-2}$$

调节变量因素间接影响农村信息服务的主观需求结构方程模型如图6-7所示。

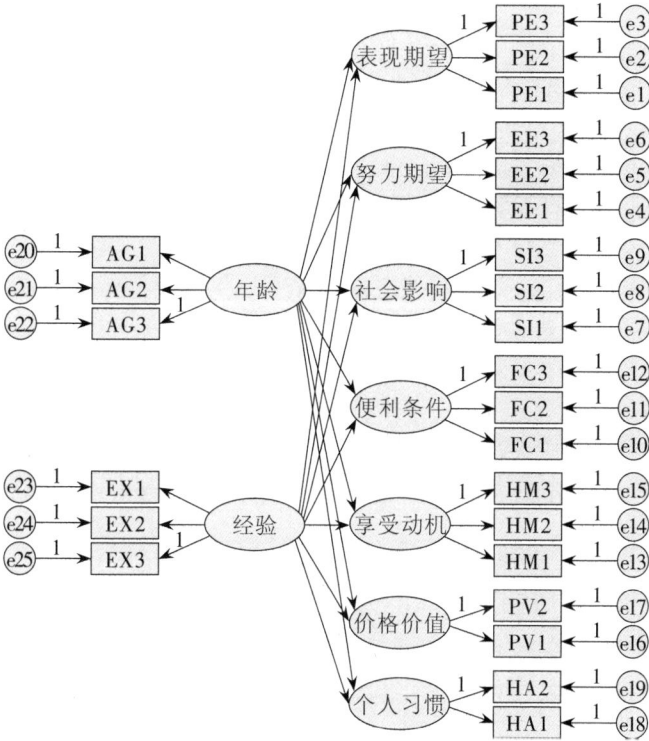

图6-7　调节变量影响基于技术接受理论因素的结构方程

（2）模型评价

使用IBM SPSS AMOS 24，利用极大似然估计法，运行调节变量影响基于技术接受理论因素的结构方程模型，该模型的适配度相关系数分别为：NF=4.437、P=0.000、RMSEA=0.028、GFI=0.913、AGFI=0.932、NFI=0.945、CFI=0.941、IFI=0.930，从数据中很容易看出，该模型中的参数估计水平显著，效果良好，模型有效。具体见表6-26。

表6-26 调节变量影响的结构方程模型适配度系数及标准对比

适配度系数	NF	P	RMSEA	GFI	AGFI	NFI	CFI	IFI
最优标准	越小越好	<0.05 越小越好	<0.05 越小越好	>0.9 越接近1越好	>0.9 越接近1越好	>0.9 越接近1越好	>0.9 越接近1越好	>0.9 越接近1越好
本模型系数	4.437	0.000	0.028	0.913	0.932	0.945	0.941	0.930

（3）结构方程的路径分析及假设检验结果

根据上述结构方程模型的运行结果，对调节变量影响基于技术接受理论因素的路径进行分析，并对相关假设进行了检验。从结果中可以看出，年龄对表现期望（$\beta=0.256$，$t=4.551$，$p<0.001$）、努力期望（$\beta=0.189$，$t=2.469$，$p<0.001$）、社会影响（$\beta=0.243$，$t=4.325$，$p<0.01$）、享受动机（$\beta=0.289$，$t=4.700$，$p<0.001$）、价格价值（$\beta=0.196$，$t=2.687$，$p<0.01$）有显著影响，年龄对便利条件和个人习惯影响不显著。经验对表现期望（$\beta=0.185$，$t=2.391$，$p<0.001$）、社会影响（$\beta=0.239$，$t=4.118$，$p<0.001$）、便利条件（$\beta=0.281$，$t=4.675$，$p<0.001$）、价格价值（$\beta=0.355$，$t=6.339$，$p<0.001$）和个人习惯（$\beta=0.308$，$t=5.897$，$p<0.01$）有显著影响，而经验对努力期望和享受动机影响不显著。具体结果见表6-27。

表6-27 调节变量影响基于技术接受理论因素的假设检验

模型路径	假设检验			不显著路径	
	路径系数	t值	假设检验	路径系数	t值
年龄→表现期望	0.256	4.551[***]	接受	0.221	3.446[***]
年龄→努力期望	0.189	2.469[***]	接受	0.217	3.028[***]
年龄→社会影响	0.243	4.325[**]	接受	0.266	4.011[**]
年龄→便利条件	0.062	1.254	拒绝	—	—

模型路径	假设检验			不显著路径	
	路径系数	t值	假设检验	路径系数	t值
年龄→享受动机	0.289	4.700***	接受	0.302	4.536***
年龄→价格价值	0.196	2.687**	接受	0.230	3.579**
年龄→个人习惯	0.107	1.336	拒绝	—	—
经验→表现期望	0.185	2.391***	接受	0.220	3.405***
经验→努力期望	0.006	0.089	拒绝	—	—
经验→社会影响	0.239	4.118***	接受	0.291	4.386***
经验→便利条件	0.281	4.675***	接受	0.352	4.912***
经验→享受动机	0.113	1.236	拒绝	—	—
经验→价格价值	0.355	6.339***	接受	0.411	6.023***
经验→个人习惯	0.308	5.897**	接受	0.375	5.656**

注：***表示显著水平 $p=0.001$ ，**表示显著水平 $p=0.01$ 。

根据模型中的路径分析结果，把年龄与便利条件、年龄与个人习惯、经验与努力期望以及经验与享受动机之间的路径删除，对模型进行进一步修正。修正后的模型的适配度相关系数分别为：NF=4.106、P=0.000、RMSEA=0.019、GFI=0.916、AGFI=0.954、NFI=0.951、CFI=0.949、IFI=0.943，具体见表6-28。

表6-28　修正后调节变量影响的结构方程模型适配度系数及标准对比

适配度系数	NF	P	RMSEA	GFI	AGFI	NFI	CFI	IFI
最优标准	越小越好	<0.05越小越好	<0.05越小越好	>0.9越接近1越好	>0.9越接近1越好	>0.9越接近1越好	>0.9越接近1越好	>0.9越接近1越好
本模型系数	4.106	0.000	0.019	0.916	0.954	0.951	0.949	0.943

可以看出，修正后的模型适配度系数比修正前有了提高，修正后的模型如图6-8所示。

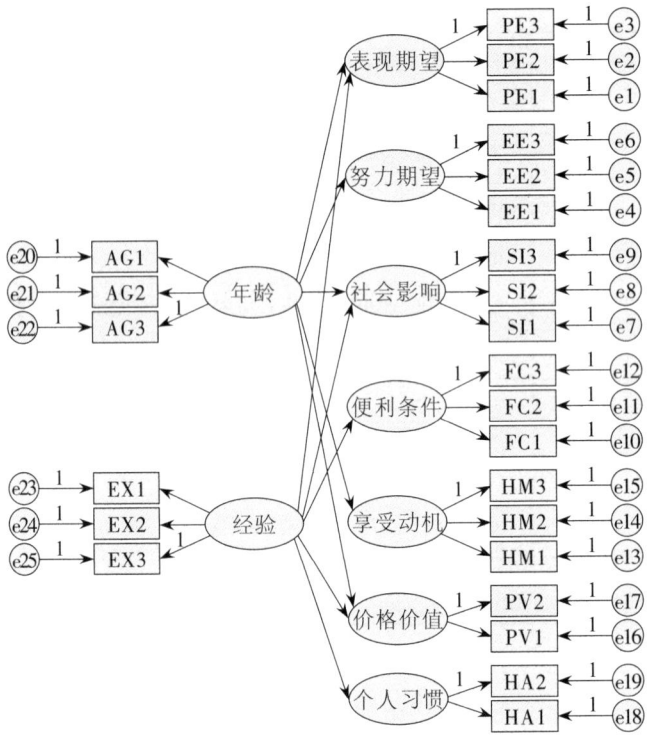

图 6-8　修正后调节变量影响基于技术接受理论因素的结构方程模型

6.3.3　基于几种相关理论的影响分析

（1）结构方程建模

附加变量因素影响农村信息服务的主观需求结构方程构造过程如下：假设个人创新性、信任度和目标定向 3 个因素分别由 3 个自变量代表，即外源潜变量，其中，ξ_{10}——个人创新性，ξ_{11}——信任度，ξ_{12}——目标定向。农村信息服务的主观需求为因变量，即内生变量，用 η 表示。γ_1，γ_2，γ_3 分别表示附加变量中个人创新性、信任度和目标定向对于农村信息服务的主观需求路径系数。ζ 为结构方程的误差。因此，附加变量因素对农村信息服务的主观需求影响的结构方程如下：

$$\eta = \gamma_1\xi_{10} + \gamma_2\xi_{11} + \gamma_3\xi_{12} + \zeta \tag{6-3}$$

附加变量因素对农村信息服务的主观需求影响的结构方程模型如图6-9所示。

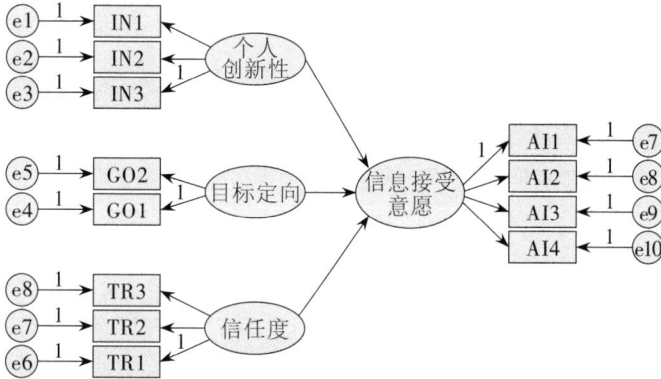

图6-9 附加变量对农村信息服务的主观需求影响的结构方程模型

（2）模型评价

使用IBM SPSS AMOS 24，利用极大似然估计法，运行附加变量因素影响农村信息主观需求的结构方程模型，该模型的适配度相关系数分别为：NF=4.687、P=0.000、RMSEA=0.035、GFI=0.908、AGFI=0.927、NFI=0.941、CFI=0.936、IFI=0.915，从数据中很容易看出，该模型中的参数估计水平显著，效果良好，模型有效。具体见表6-29。

表6-29 附加变量影响农村信息服务主观需求的结构方程
模型适配度系数及标准对比

适配度系数	NF	P	RMSEA	GFI	AGFI	NFI	CFI	IFI
最优标准	越小越好	<0.05 越小越好	<0.05 越小越好	>0.9 越接近1越好	>0.9 越接近1越好	>0.9 越接近1越好	>0.9 越接近1越好	>0.9 越接近1越好
本模型系数	4.687	0.000	0.035	0.908	0.927	0.941	0.936	0.915

（3）结构方程的路径分析及假设检验结果

根据上述结构方程模型的运行结果，对附加变量因素影响农村信息服务的主观需求路径进行分析，并对相关假设进行了检验。从结果中可以看出，个人创新性（$\beta=0.235$，$t=2.984$，$p<0.001$）、信任度（$\beta=0.375$，$t=3.462$，$p<0.001$）对农村信息服务主观需求有显著影响，而目标定向（$\beta=0.006$，$t=1.259$，$p<0.01$）对农村信息服务主观需求不存在影响或者影响不显著，具体结果见表6-30。

表6-30　　附加变量影响农村信息服务的主观需求假设检验

模型路径	假设检验			不显著路径	
	路径系数	t值	假设检验	路径系数	t值
个人创新性→信息服务主观需求	0.235	2.984***	采纳	0.264	3.254
信任度→信息服务主观需求	0.375	3.462***	采纳	0.386	3.927
目标定向→信息服务主观需求	0.006	1.259**	拒绝	—	—

注：***表示显著水平 p=0.001，**表示显著水平 p=0.01。

根据模型中的路径分析结果，把目标定向与农村信息服务主观需求之间的路径删除，从而进一步对模型进行修正。修正后的模型的适配度相关系数分别为：NF=4.013、P=0.000、RMSEA=0.027、GFI=0.923、AGFI=0.945、NFI=0.959、CFI=0.942、IFI=0.938，具体见表6-31。

表6-31　　修正后附加变量影响的结构方程模型适配度系数及标准对比

适配度系数	NF	P	RMSEA	GFI	AGFI	NFI	CFI	IFI
最优标准	越小越好	<0.05 越小越好	<0.05 越小越好	>0.9 越接近1越好	>0.9 越接近1越好	>0.9 越接近1越好	>0.9 越接近1越好	>0.9 越接近1越好
本模型系数	4.013	0.000	0.027	0.923	0.945	0.959	0.942	0.938

可以看出，修正后的模型适配度系数比修正前有了显著提高，修正后的模型如图6-10所示。

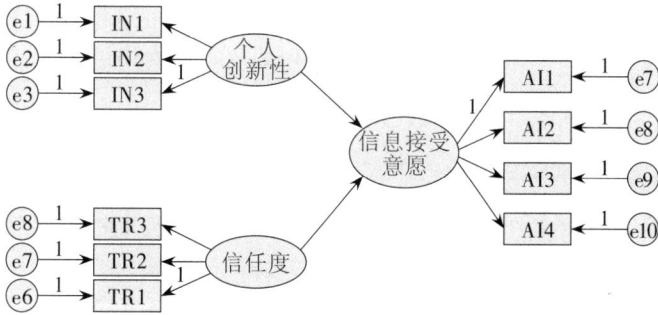

图6-10　修正后附加变量影响农村信息服务主观需求的结构方程模型

6.3.4　结果分析与讨论

（1）技术接受理论变量对农村信息服务主观需求的影响分析

①从上述分析结果发现对农村信息服务的主观需求产生积极影响的因素是表现期望、努力期望和价格价值。

表现预期与农村信息服务的主观需求具有正相关关系。这说明农民在信息采纳过程中获得利益的大小，直接影响着农民对信息的需求程度。因此，在研究农村信息服务模式过程中，除了要考虑农民需求问题，还要考虑信息能否给农民带来实质性好处。

该研究模型验证了努力期望与农村信息服务的主观需求之间的正相关关系。该研究表明，如果农民存在为达成目标而进行努力的行为或者主观意识，那么他就产生了对信息服务的主观需求，甚至是较少的努力或者较少的主观努力意识，都正向影响着农村信息服务的主观需求。因此，在农村信息服务供给过程中，对农民进行正向的、积极的目标导向教育，将有利于促进农村信息服务供需平衡。

模型构造中对农村信息服务的主观需求具有重大影响的另一个核心因素是价格价值。研究结果表明，农民在信息采纳过程中需要支付的成本越低，农民需求信息服务的意图就越显著。随着农村互联网的普及、电信运营商的降价提速，农民的网络租用费用大大降低，同时硬件终端产品价格下降，农民的支付成本有了明显下降。这些条件都有利于提升农村信息服务的主观需求。

②实证结果显示社会影响、便利条件、享受动机和个人习惯未被发现与农村信息服务的主观需求存在显著相关关系。

当前研究中的农民处在各种社交网络的包围中，预计社会影响会对农村信息服务的主观需求产生积极影响，但是事实并非如此。这就意味着农民不会因为其他人（比如邻居、亲戚或朋友）接受了某种信息，自己就会去接受同种信息。便利条件的促进效果也与常规的认知不同，当存在便利条件以帮助农民接受信息时，这些便利条件并没有激发农民对信息服务的主观需求。享受动机对农村信息服务主观需求影响的低重要性表明，农民并不倾向于通过接受信息来达到自己的享受目的，这表明农民还没有形成通过接受信息来获取农业数据的习惯。

（2）调节变量对农村信息服务主观需求的影响分析

调节变量主要选取了年龄和经验两个变量。两个调节变量主要通过基于技术接受理论的变量和附加变量对农村信息服务的主观需求间接产生作用。

① 年龄通过表现期望、努力期望、社会影响、享受动机、价格价值对农村信息服务的主观需求有显著影响，而年龄通过便利条件和个人习惯对农村信息服务的主观需求的影响不显著。结果显示：与年长农民相比，年轻的农民具有更强的对农村信息服务的主观需求，可能原因是年轻农民的农业经验不足，他们更想获取更多的外部信息来

弥补这一缺陷。研究结果表明了农民特征对农村信息服务供给模式的重要性。

② 经验则通过表现期望、社会影响、便利条件、价格价值和个人习惯对农村信息服务的主观需求产生显著影响,而经验通过努力期望和享受动机对农村信息服务主观需求的影响不显著。研究结果表明,有经验的农民与没经验的农民相比,表现期望、社会影响、便利条件、价格价值和个人习惯更加重要。

(3) 附加变量对农村信息服务主观需求的影响分析

附加变量包含了个人创新性、信任度和目标定向三个因素。

① 研究结果表明,个人创新性和信任度与农村信息服务的主观需求均有正相关关系。个人创新性与农村信息服务的主观需求有正相关关系,说明农民有创新意识,他们希望通过创新来提高农产品的产量和个人收入,他们对信息有较为强烈的主观需求,渴望通过获取相关信息来提升自身的创新能力。因此,个人创新性表现越强,他对农村信息服务的主观需求就越强烈。信任度是影响农村信息服务主观需求的最重要的因素,研究结果表明,农村信息服务供给模式是否可行有效,关键在于供给方能否与农民建立高度的信任关系。

② 模型的实证结果发现,目标定向与农村信息服务主观需求的相关关系不显著。目标定向的不重要性也表明农民并不相信只要获取信息就可以帮助他们提高农产品产量或增加收入。

综上所述,基于技术接受理论变量中的表现期望、努力期望和价格价值对农村信息服务的主观需求有较强影响,另外,个人创新性和信任度对农村信息服务的主观需求有较强影响。信任的高相关性,表明农村信息服务中各方主体与农民建立信任关系的重要性。将农民特征中的年龄和经验作为调节变量进行的分组分析表明,表现期望对于年轻农民的信息主观需求的影响更强，对于经验欠缺的农民来说，价格价值更能影响其农村信息服务需求。

6.4 本章小结

为研究农村信息服务的主观需求，本章构建基于技术接受理论、计划行为理论、创新扩散理论、信任机制和目标定向理论的农村信息服务的主观需求模型，以 A 县为例对农村信息服务的主观需求进行了实证研究，得到如下结论：

（1）从本章内容看，本章中采用的模型是基于多种理论提出的，引入的变量更加多样化，这不但为研究农村信息服务的主观需求相关问题提供了一种新的理论模型，同时，多理论演化变量组及交互关系的研究还拓宽了相关问题的研究思路。

（2）表现期望、努力期望和价格价值对农村信息服务的主观需求产生正向影响，这表明农村信息服务供给需要考虑为农民带来的实际收益，要对农民进行积极的目标导向教育，还要降低服务中农民支付的成本。

（3）年龄和经验影响农村信息服务的主观需求。农村信息服务供给方要根据农民的不同特征提供差异化的服务内容。

（4）个人创新性和信任度与农村信息服务的主观需求均有正相关关系。在农村信息服务供给过程中，要不断激发农民的创新意识，同时还要与农民建立高度的信任关系，以便提高农村信息服务供给效率。

该部分对农村信息服务的主观需求的分析，既是对第5章"农村信息服务需求侧分析：客观视角"的延续，也是第7章"农村信息服务供给侧分析：行动主体视角"和第8章"完善农村信息服务的对策及建议：供需均衡视角"的理论和实践依据，此外，本章关于调节变量中年龄和经验的间接影响，是对第5章"农村信息服务需求侧分析：客观视角"研究中主体因素作用的进一步验证。

农村信息服务供给侧分析：行动主体视角

首先，本章对农村信息服务供给主体和三种主要的农村信息服务供给模式进行分析评价。其次，以 A 县为例对农村信息服务部门进行调查，并对影响农村信息服务供给的因素进行分析。最后，从行动主体视角研究政府、企业、第三方机构与农民在信息服务供给中的互动关系。

7.1 农村信息服务的供给行动主体分析

7.1.1 行动主体模式分析

农村信息服务的供给是一个复杂的体系，农村信息服务的供给主体涉及农村信息服务的生产者、开发者、提供者以及传播者，主要由农村信息相关的各个领域的机构、组织或个人组成。从信息服务模式的角度，可以将农村信息服务主体分为三类：政府主体、市场主体和第三方主体。

（1）政府主体

农村信息服务供给的政府主体主要包含了政府部门和农村信息服务相关的事业单位。政府主体通过对农村初始信息的收集、筛选、加工和分析处理，为农民提供所需的信息服务。政府部门包括中央、省（自治区、直辖市）、市、县、乡镇及村级政府。农村信息服务相关的事业单位包括农业农村部下属的各级农业农村信息中心、农业科学研究院、农业图书馆、情报信息中心等部门和机构。

①政府主体提供农村信息服务的动因

政府主体在农村信息服务供给中扮演主导者的角色，是农村信息服务的天然供给者，政府主体为农村信息服务的需求者提供的是公共信息服务。根据市场中一般产品的供需原理，市场主体会根据自身利益最大化的原则进行生产和消费的决策。然而，政府主体提供的农村信息服务产品本身具有公共属性，导致农村信息服务缺乏竞争性，市场缺乏足够的激励，其他主体对农村信息产品的供给动力不足。因此，市场驱动下的农村信息服务供应不足，只能依靠政府主体来满足农村信息需求。

因为政府本身具有较强的权威性和公信力，所以，在政策制定和社会管理方面，政府发挥着不可替代的宏观调控作用。正是因为政府具备先天优势，所以政府主导农村信息服务供给不但可以有效降低农民在信息收集和使用上支付的成本，同时在一定程度上保证了信息的可靠性，降低了农村的生产和经营风险，从而维护了农村经济的稳定健康发展。

②政府主体农村信息服务供给的一般模式

政府主体农村信息服务供给模式，主要是在政府部门的主导下，将农民所需的不同种类的信息通过各种传播渠道传递给农民。政府主体农村信息服务供给模式如图7-1所示。

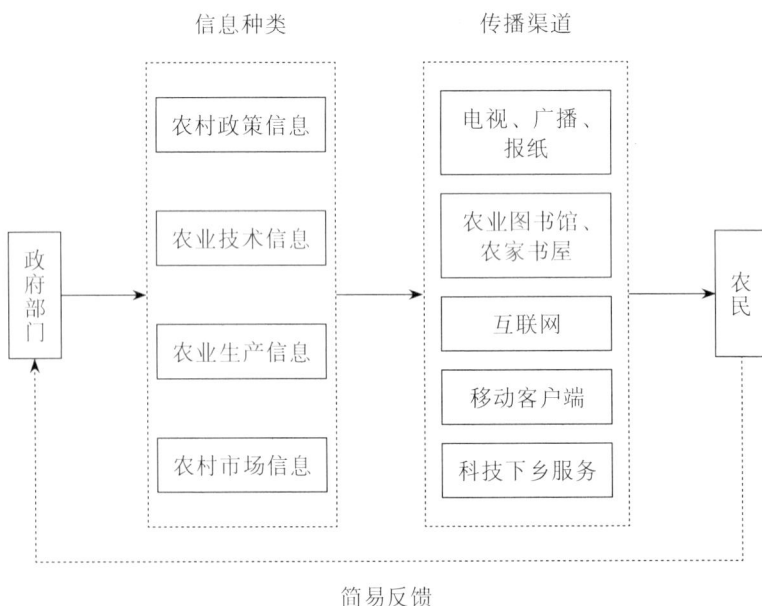

图7-1 政府主体农村信息服务供给模式

政府主体提供的农村信息种类一般分为农村政策信息、农业技术信息、农业生产信息以及农村市场信息四类。农村政策信息属于政府制定的公共信息，在一定程度上关系着整个社会农村农业的发展模式和走向，农村政策一般以文件的形式向社会和大众公布；农业技术信息关系着农业现代化的实现程度，由于农业技术信息的需求和供给存在严重的不对称，农民不得不承担高新技术带来的潜在风险，因此，农业技术的发展程度、应用现状、获取途径以及咨询支持等信息的有效传播，能够大大推进农业的智慧化进程，降低农民的技术风险；农业生产信息主要指农民在生产过程中所需的种子、化肥、农药、农机设备等一系列相关信息，农业生产信息的有效传递能够有助于农民作出最佳的生产投资决策，降低农业生产成本，以获得最佳收益；农村市场信息主要指农产品的供给、需求以及价格信息，在某种意义上农村市场信息直接决定了农民的盈利状况，同时农产品的价格走势预测信息也是农民最为看重的农村市场信息。

政府主体对农村信息的传播会更多地考虑农民的切身利益和农业的长远发展，因此，传播渠道的可靠性和真实性是政府主体的最大特征。当前除了电视、报纸、广播等传统媒体渠道外，政府主体采用了先进的互联网技术和移动通信技术，为农村信息传播提供了更加方便快捷的通道。

③政府主体农村信息服务供给模式的优劣势分析

政府主体农村信息服务供给模式的优势在于：一是，政府拥有并行使行政权力，可以在国家政策方面提供最大的便利，提供农村信息服务供给所需的所有资源。二是，在政府拥有较高公信力的前提下，政府主体农村信息服务供给模式很容易获得农民的信任和依赖，提高了农民对农村信息服务采纳的可能性。三是，农民对于政府供给的信息进行消费，可以不受限制，这在无形中提高了农村信息服务的潜在效用。

政府主体农村信息服务供给模式也存在自身的不足，主要体现在以下方面：一是，没有市场竞争压力，缺乏内外部竞争，激励机制不足，不存在追求利润最大化的动力，使得农村信息服务供给效率低下。二是，在政府主体模式中，农村信息服务供给成本和价格失去了在市场当中的敏感性，导致供给曲线缺乏弹性，农村信息服务的供给更多依赖决策者，存在信息供给内容和规模过于主观的风险。三是，政府和需求主体间的信息不对称，导致农村信息服务无法精准满足农民需求，出现农村信息服务供需失衡的状况。

（2）市场主体

市场主体是农村信息服务的重要主体之一，主要指从事农村信息服务供给的企业及个人，市场主体最本质的特征就是信息服务的有偿性，同时存在明显的竞争性。市场主体通过市场机制来生产农村信息和提供农村信息服务。

①市场主体提供农村信息服务的动因

在我国社会主义市场经济体制下，必须发挥市场在资源配置中的决定性作用，农村信息服务作为一种无形的商品，理所当然地要遵循以等价交换为基础的市场规律，以实现各方效益的最大化。在政府政策的鼓励下，在市场主体的农村信息服务供给模式下，参与的企业或个人，能够在提供信息服务的过程中获取一定的利益。因此，一方面，信息企业或个人在利益的驱动下，能够主动生产更好的、高质量的信息；另一方面，农民为了解决获取信息单一、质量低下等问题，愿意通过付费的方式满足自身的信息需求。

②市场主体农村信息服务供给模式

市场主体模式下，农村信息服务供给方可以分为三类：农村合作组织或个人、IT企业和涉农企业。农村合作组织或个人主要是指某些农业企业或者协会将分散的农户在自愿的基础上组织起来，进行技术培训、推广，同时负责农户生产资料的统一采购和农产品的统一销售。IT企业是指从事信息开发及信息加工的企业，通过企业专门的技术手段和技术人员实现农村信息产品的生产和传播。涉农企业主要指从事涉农产品生产、经营、加工、销售等活动的企业，涉农产品既包含有形的产品，也包含无形的服务。除此之外，还有一部分个人，在该领域有偿为农民提供信息服务。

市场主体模式下，信息的传播渠道主要有内部信息共享、商业网站、移动客户端以及专家下乡指导等多种方式，具体如图7-2所示。

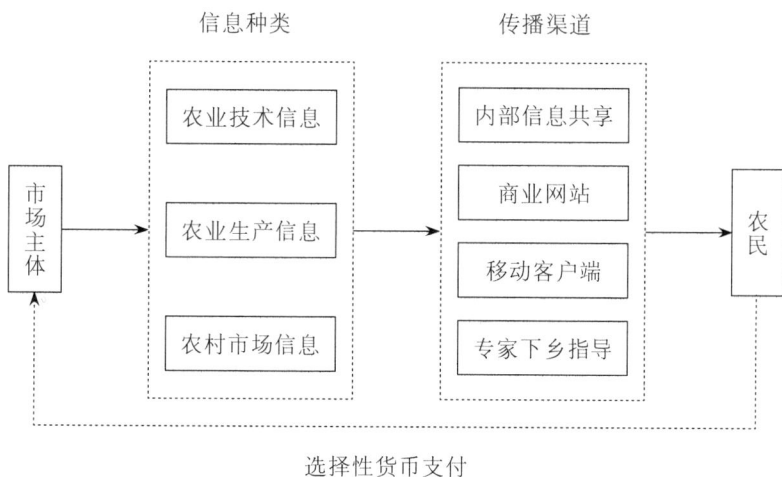

图7-2 市场主体农村信息服务供给模式

③市场主体农村信息服务供给模式的优劣势分析

市场主体模式下，农村信息服务的性质等同于普通的社会商品，信息的价格和产量之间的关系完全遵循市场供给的一般规律，即价格与产量存在正相关关系。

市场主体农村信息服务供给模式的优势在于：一是，政府的支持与鼓励，由于市场主体模式在信息服务质量和信息内容丰富程度上弥补了政府主体模式的不足，与政府服务农村社会的目标一致，因此，市场主体模式受到政府的扶持和保护。二是，在我国社会主义市场经济体制中，要充分发挥市场在资源配置中的决定性作用，市场主体农村信息服务供给模式就发挥了市场的决定性作用，农村信息服务供给形成了相对完善的市场竞争机制，有助于发掘农民真正的信息需求。三是，在市场机制的作用下，供需双方都在寻求成本降低和利益最大化，在竞争和激励并存的环境下，市场主体和农民都在不断增强自身规避风险和承担风险的能力。四是，市场主体农村信息服务供给模式的效率很高。

当然，市场主体农村信息服务供给模式也存在一些不足，主要表现在：尽管政府积极扶持市场主体，但是从规模和普遍性上市场主体主导的模式仍远远小于政府主导模式；由于市场主体农村信息服务供给中的利润有限，一方面，农村信息服务的市场对市场主体的吸引力不大；另一方面，市场主体为了追求更大利润，为低劣信息进入市场提供了可能性。

以市场作为主体的农村信息服务供给模式主要适用于农民信息意识能力和消费能力较强的地区。由于我国市场化的农村信息服务供给模式还处于相对初级的阶段，农民信息素质的差异较大，且整体水平偏低，因此，市场主体主导的农村信息服务供给模式的潜力会逐步得到释放。

（3）第三方主体

农村信息服务供给的第三方主体主要是一些非营利性的民间组织，是除了政府和市场之外的组织或机构，是农村信息服务供给的有益补充。第三方主体的最大特征就是公益性和非营利性。

①第三方主体提供农村信息服务的动因

第三方主体是促进农业产业发展的重要力量，在农民和市场之间建立了联系的纽带。同时，第三方主体多数是一些农业协会、公益组织，开展工作的经费一般都来源于政府，因此，在一定意义上第三方主体也代表政府，但是在功能上第三方主体又不同于政府。一方面，以政府为主体的农村信息服务的供给，在信息的数量和质量上，不能精准满足当前农民日益丰富的多样化和个性化的需求。另一方面，市场主体模式中，一旦出现市场机制失灵的情况，市场主体多会以自身利益为重，将风险转嫁给农民，容易造成农村社会的不稳定。因此，第三方主体作为一种更加灵活的农村信息服务供给方，能够弥补政府和市场存在的不足和缺陷，多方一起，能更好地满足农民信息需求，服务农业产业发展。

②第三方主体农村信息服务供给模式

第三方主体主要包括农业协会、农业志愿者组织、农村公益合作组织等。第三方主体提供的信息类型主要有四大类：农村政策信息、农业技术信息、农业生产信息、农村市场信息。第三方主体模式下的信息的传播渠道主要有公益性网站、移动客户端、免费技术下乡和培训等，具体如图7-3所示。

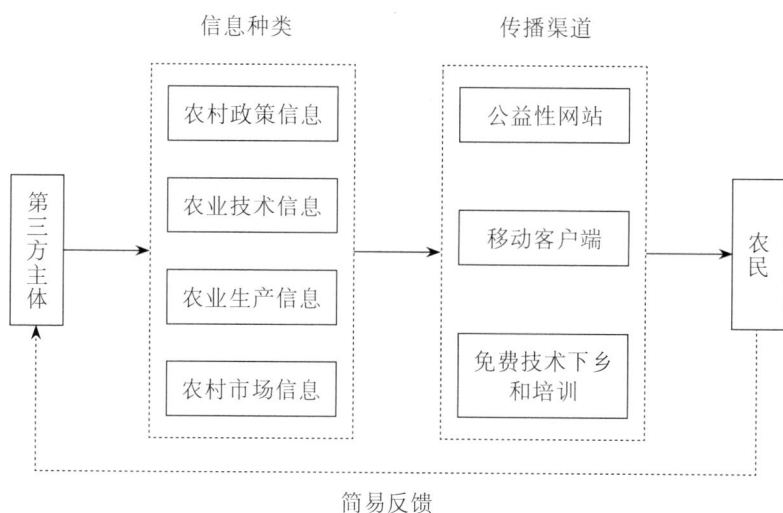

图7-3　第三方主体农村信息服务供给模式

③第三方主体农村信息服务供给的优劣势分析

第三方主体农村信息服务供给模式具有以下几方面的优势：第三方主体组织规模小，形式灵活，在信息供给中容易发挥其"船小好调头"的优势；第三方主体多数都受到政府资金和政策支持；第三方主体都是公益性质，不以营利为目的，很容易赢得农民的支持和信任，这些都有助于它们了解农民的真正需求；第三方主体弥补了市场追求利益最大化带来的负面影响，又充当了政府与农民沟通的纽带。

第三方主体农村信息服务供给模式主要劣势有：当前第三方主体数量不足，很难充分发挥其在农村信息服务供给中的主导作用；第三方主体依靠政府经费支持，且自身不以营利为目的，资金短缺导致内部自主开展工作的积极性下降，组织运作和管理存在停滞风险；由于农民信息素质普遍偏低，第三方主体在缺乏更好激励机制的情况下，可能会产生很强的挫败感。

总之，政府应该出台相关政策来扶持第三方主体，使其充分发挥在农村信息服务供给中的作用，同时应规范并指导第三方主体合理、有效、健康发展。

7.1.2 行动主体服务部门调查

根据上文中对我国农村信息服务存在问题的研判，可以看出，我国农村信息服务存在供需不均衡的矛盾。从现实情况看，绝大多数农村地区仍采用以政府主体农村信息服务供给模式为主、市场主体模式和第三方模式为辅的综合服务模式。该模式下，信息服务供给主体主要集中在县、乡镇和行政村三级政府部门的工作人员，此外，还有少量信息服务企业、第三方合作组织以及个人从业者。本节以 A 县为例，主要对县、乡镇和村的信息服务点进行调查分析，通过问卷和深度访谈的形式进行调查研究。本次调查发放问卷352份，回收有效问卷338份，回收率为96%，对16名信息部门相关负责人和骨干成员进行访谈。向以下部门发放问卷：县扶贫开发办公室、农业农村局、林业局、文化广电体育和旅游局、气象局、农业广播电视学校、教育局、科技局、农业机械化管理办公室、农业畜牧局、统计局、乡镇政府、村委会、农业合作社及信息服务公司等，覆盖面广，经分析有较好的信度和效度。

A县在地理上覆盖了平原、丘陵和山区三种地形，其中平原占比12.77%，丘陵占比37.62%，山区占比49.61%。行政区划上，A县包含了15个乡镇，279个行政村。全县35.04万人口，其中，乡村人口26.53万，占全县人口的75.9%。在农业政策效应下和信息化推动下，2023年该县农业总产值达到了40.7亿元，农业结构调整效果明显，农业机械化水平持续提高，农业生产条件得到了较大改善。

在调查统计过程中，根据当地农村经济发展状况，并结合所处地理位置情况将被调查部门划分为三类：平原、丘陵和山区。县政府所在地处于平原，因此相关县政府直属机关在平原类别中，各乡镇、村委会、农村合作社以及信息服务公司根据自身地理位置进行分类。具体的样本分布情况见表7-1，其中，研究对象A县用A表示。

表7-1　　　　　　　　调查样本的类型和数量分布情况

地域	部门类型	本部门样本量	所辖行政村样本量	信息企业样本量	农业合作组织样本量	各类样本小计	地域合计
平原	县直	13	0	3	2	18	157
	A镇	2	22	1	2	27	
	B乡	1	20	1	2	24	
	C乡	1	9	0	2	12	
	D乡	1	16	0	1	18	

地域	部门类型	本部门样本量	所辖行政村样本量	信息企业样本量	农业合作组织样本量	各类样本小计	地域合计
平原	E乡	1	23	1	2	27	157
	F镇	1	19	1	1	22	
	G乡	1	7	0	1	9	
丘陵	H镇	1	18	0	1	20	90
	I镇	1	33	1	2	37	
	J乡	1	17	0	1	19	
	K乡	1	12	0	1	14	
山区	L镇	1	18	1	1	21	105
	M镇	1	36	1	2	40	
	N乡	1	18	0	1	20	
	O乡	1	21	0	2	24	
合计				352			

（1）农村信息服务人员调查

农村信息服务人员的基本情况统计。首先对338份有效问卷对应的被调查人员的性别、年龄、学历以及信息服务能力的培训情况进行了统计分析。

①农村信息服务人员的性别和年龄调查

根据表7-2，从平均年龄看，总体平均年龄为39.7岁，平原地区平均年龄为37.6岁，丘陵地区平均年龄为40.7岁，山区平均年龄为42.3岁。按照经济发展的一般规律，经济发展较好的平原地区的农村信息服务人员的平均年龄最小，丘陵地区居中，山区的农村信息服务人员年龄整体偏大。从性别结构看，平原地区的农村信息服务人员的女性比例要略高于男性，而欠发达的丘陵和山区的农村信息服务人员中男性比例要远高于女性。

表7-2　　　农村信息服务人员的年龄、性别情况统计

地域	平原	丘陵	山区	总体
人数（人）	152	86	100	338
平均年龄（岁）	37.6	40.7	42.3	39.7
男性比例（%）	47.4	65.1	71	58.9
女性比例（%）	52.6	34.9	29	41.1

②农村信息服务人员的学历调查

根据表7-3，总体上农村信息服务人员的学历在大学本科及以上的比例为14.20%，大学专科占比44.38%，高中或中专占比28.40%，初中及以下占比13.02%。可以看出，农村信息服务人员中具备大学专科及以上学历的比例已经超过50%，农村信息服务工作对人员的文化素质要求较高。从地域上看，大学专科、大学本科及以上学历的比例从平原、丘陵到山区呈递减趋势，而高中及以下学历的比例从平原、丘陵到山区呈上升趋势，这说明高学历信息人才多向经济发达区域流动，欠发达山区信息服务人员的学历水平整体偏低。

表7-3　　　　　农村信息服务人员的学历情况统计

学历	平原		丘陵		山区		总体	
	人数	比例（%）	人数	比例（%）	人数	比例（%）	人数	比例（%）
大学本科及以上	29	19.08	11	12.79	8	8.00	48	14.20
大学专科	85	55.92	33	38.37	32	32.00	150	44.38
高中或中专	26	17.11	29	33.72	41	41.00	96	28.40
初中及以下	12	7.89	13	15.12	19	19.00	44	13.02
合计	152	100.00	86	100.00	100	100.00	338	100.00

③农村信息服务人员的信息技术培训情况

农村信息服务人员最需要掌握的就是计算机应用技术，与农村信息服务密切相关的就是数据收集、信息生产、信息加工、知识挖掘、农业技术应用等，农村信息服务人员急需掌握上述知识或技能，以便更好地开展服务工作。从表7-4可以发现，从总体上看，农村信息服务人员对信息传播技术和农业新技术的培训需求比较旺盛，要远远高于数据收集、信息生产和信息加工。从地域上看，平原地区和丘陵地区的信息服务人员对于数据收集技能更为看重，有培训需求的人数占比分别为44.08%和45.35%，远高于山区的15.00%。而山区和丘陵地区的信息服务人员更加看重信息传播和农业新技术，对信息传播有培训需求的人数占比，山区为89.00%，丘陵为87.21%，高于平原地区的64.47%；对农业新技术有培训需求的人数占比，山区为93.00%，丘陵为90.70%，高于平原地区的68.42%。

表7-4　　　　农村信息服务人员技术培训需求情况

知识技能	平原		丘陵		山区		总体	
	人数	比例（%）	人数	比例（%）	人数	比例（%）	人数	比例（%）
数据收集	67	44.08	39	45.35	15	15.00	121	35.80
信息生产	49	32.24	28	32.56	22	22.00	99	29.29
信息加工	55	36.18	36	41.86	38	38.00	129	38.17
信息传播	98	64.47	75	87.21	89	89.00	262	77.51
农业新技术	104	68.42	78	90.70	93	93.00	275	81.36

（2）服务环境调查

对农村信息服务环境的调查主要包含应用软件、硬件设备以及网络接入等条件。应用软件主要包含常用办公软件、数据库管理软件、信息分析软件以及信息服务平台。硬件设备主要包含计算机、固话、打印机、扫描仪以及专用车辆。网络接入包括互联网和移动通信网接入。从表7-5可以看出，常用办公软件在平原、丘陵及山区的占比均为100.00%，这说明办公软件是工作人员提供农村信息服务最为依赖的，实现了全覆盖。信息服务平台在平原、丘陵和山区都占较高比例，分别为89.47%、82.56%和73.00%，这说明农村逐步建立起统一的信息服务平台。数据库管理软件和信息分析软件在平原地区的占比远远高于丘陵和山区，这说明经济发达地区信息服务需要更加先进的软件工具支撑，在欠发达地区信息服务人员素质和水平偏低，这成为制约高级软件工具推广的最大障碍。在硬件设备方面，计算机的总体拥有比例达到了93.20%，从区域上看，平原地区计算机普及率高达100.00%，高于丘陵地区的90.70%和山区的85.00%。固话和打印机等硬件设备在平原和丘陵地区均有一定的应用，但是在山区固话的占比仅有6.00%。扫描仪在平原地区占比36.18%，但是在丘陵和山区分别低至15.12%和2.00%。专用车辆的配备比例在平原地区略高于丘陵和山区，但仅有11.84%，整体更是低至5.92%。在网络接入方面，移动通信网整体接入比例为100.00%，实现了全覆盖；互联网接入整体占比82.54%，地域分布上平原最高，丘陵次之，山区最低。

表7-5 农村信息服务环境调查

		平原		丘陵		山区		总体	
环境条件		人数	比例（%）	人数	比例（%）	人数	比例（%）	人数	比例（%）
应用软件	常用办公软件	152	100.00	86	100.00	100	100.00	338	100.00
	数据库管理软件	48	31.58	15	17.44	6	6.00	69	20.41
	信息分析软件	39	25.66	5	5.81	0	0.00	44	13.02
	信息服务平台	136	89.47	71	82.56	73	73.00	280	82.84

环境条件		平原		丘陵		山区		总体	
		人数	比例 (%)	人数	比例 (%)	人数	比例 (%)	人数	比例 (%)
硬件设备	计算机	152	100.00	78	90.70	85	85.00	315	93.20
	固话	86	56.58	19	22.09	6	6.00	111	32.84
	打印机	94	61.84	41	47.67	5	5.00	140	41.42
	扫描仪	55	36.18	13	15.12	2	2.00	70	20.71
	专用车辆	18	11.84	2	2.33	0	0.00	20	5.92
网络接入	互联网	140	92.11	73	84.88	66	66.00	279	82.54
	移动通信网	152	100.00	86	100.00	100	100.00	338	100.00

（3）信息类型调查

农村信息服务供给类型主要包括农业政策信息、农业技术信息、农业生产信息、农产品市场信息、农技培训信息、气象与病虫害防治信息、劳务信息、医疗教育信息和其他信息。根据表7-6，从总体上看，只有农产品市场信息、气象与病虫害防治信息两类的供给占比超过了50.00%，其他类别的信息均不足五成，这说明该县农村信息整体供给不足。从地域上看，相对发达的平原地区仅农业政策信息和农业生产信息两类在供给占比中明显高于丘陵和山区，其他方面并未表现出应有优势。

表7-6　　　　　　　农村信息服务供给的信息类型调查

供给信息类型	平原		丘陵		山区		总体	
	人数	比例 (%)	人数	比例 (%)	人数	比例 (%)	人数	比例 (%)
农业政策信息	32	21.05	11	12.79	9	9.00	52	15.38

供给信息类型	平原		丘陵		山区		总体	
	人数	比例（%）	人数	比例（%）	人数	比例（%）	人数	比例（%）
农业技术信息	57	37.50	46	53.49	36	36.00	139	41.12
农业生产信息	74	48.68	39	45.35	27	27.00	140	41.42
农产品市场信息	82	53.95	57	66.28	51	51.00	190	56.21
农技培训信息	29	19.08	31	36.05	23	23.00	83	24.56
气象与病虫害防治信息	63	41.45	56	65.12	68	68.00	187	55.33
劳务信息	46	30.26	22	25.58	58	58.00	126	37.28
医疗教育信息	39	25.66	18	20.93	20	20.00	77	22.78
其他信息	25	16.45	13	15.12	8	8.00	46	13.61

（4）信息来源调查

农村信息服务供给中，信息来源主要有电视广播、书籍报刊、政府文件、科研院所、电商网站、农业协会、涉农企业、种植养殖个体户和其他。从表7-7可以看出，总体上农村信息服务供给最主要的信息来源是电视广播和书籍报刊，占比分别达到83.14%和71.30%。除了其他类别之外，信息来源中占比最低的是政府文件，仅为21.30%。另外，科研院所、涉农企业和种植养殖个体户分别占比25.74%、25.74%和26.04%，占比很低。从地区上看，农业协会在丘陵地区的信息供给占比达到了80.23%，远高于平原和山区，而其他信息来源基本一致。

表 7-7　　　　　　　　　农村信息服务供给的信息来源调查

信息来源	平原		丘陵		山区		总体	
	人数	比例（%）	人数	比例（%）	人数	比例（%）	人数	比例（%）
电视广播	103	67.76	82	95.35	96	96.00	281	83.14
书籍报刊	96	63.16	76	88.37	69	69.00	241	71.30
政府文件	29	19.08	18	20.93	25	25.00	72	21.30
科研院所	48	31.58	21	24.42	18	18.00	87	25.74
电商网站	77	50.66	43	50.00	46	46.00	166	49.11
农业协会	56	36.84	69	80.23	22	22.00	147	43.49
涉农企业	32	21.05	28	32.56	27	27.00	87	25.74
种植养殖个体户	28	18.42	17	19.77	43	43.00	88	26.04
其他	17	11.18	11	12.79	7	7.00	35	10.36

（5）经费来源调查

农村信息服务供给的经费来源一般包含政府拨款、自筹经费、公益组织捐款和农民支付四类。从表 7-8 可以看出，农村信息服务供给最重要的经费来源是政府拨款，其次是自筹经费和公益组织捐款，而通过农民付费的形式获取经费的占比最低。从地域上看，经济欠发达的山区由政府拨款的比例最高，丘陵地区次之，平原地区最少。自筹经费和政府拨款在地域上具有类似的特征。公益组织更愿意为相对贫困的丘陵、山区捐款。另外，在当前的综合模式下，由于总体上农民为获取信息而支付费用的占比仅有 6.21%，市场主体农村信息服务供给模式完全处于从属地位。

表 7-8 农村信息服务供给的经费来源调查

经费来源	平原		丘陵		山区		总体	
	人数	比例（%）	人数	比例（%）	人数	比例（%）	人数	比例（%）
政府拨款	114	75.00	72	83.72	89	89.00	275	81.36
自筹经费	88	57.89	51	59.30	75	75.00	214	63.31
公益组织捐款	32	21.05	35	40.70	38	38.00	105	31.07
农民支付	11	7.24	7	8.14	3	3.00	21	6.21

7.2　农村信息服务供给影响因素分析

农村信息作为信息的一种，符合一般信息的基本特征，农村信息服务供给过程也是基于信息的产生、传播和应用实现的。同时，农村信息服务供给本身也受到了诸多因素的影响，比如农民对信息的客观需求、农民的主观意愿，信息服务主体、信息技术等。

7.2.1　服务供给过程

农村信息服务供给过程一般包含农村信息生成、农村信息传播以及农村信息应用三个基本环节。

（1）农村信息生成

农村信息生成的一般过程是：首先从数据来源进行数据采集，然后对数据进行分析处理，再对处理后的数据进行加工，最终生成信息产品，如图7-4所示。

图 7-4　一般信息的生成过程

　　农村信息生成遵循信息生成的一般规律，农村信息产品的质量直接取决于数据来源的质量，因此首先需要分析农村信息的数据来源的种类。根据农村信息产品的四个种类——农村政策信息、农业技术信息、农业生产信息以及农村市场信息——分析所需采集的数据种类，比如农业新政策数据、农业新技术的标准及参数、农产品的种类、农产品价格、农业气象数据、季节性病虫害预防数据、农业生产资料价格信息等。

　　在收集到的农村数据的基础上，需要对相关数据进行分类分析等预处理工作，将处理好的农村数据按照一定规则进行深加工，生成农民所需的农村信息。信息生产相对来说较为繁杂，一般需要数据工程师的介入，对没有数据分析工作经验的人来说，这一工作难度较大。通常信息的生成方式有三种：机械加工、思维加工和创造加工，这三种加工方式的复杂程度逐步加大，具体需要采用何种方式进行农村信息加工，需要根据实际情况确定。农村信息产品的生成过程如图 7-5 所示。

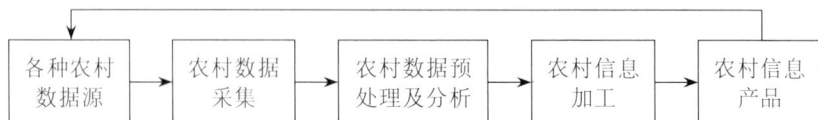

图 7-5　农村信息产品的生成过程

（2）农村信息传播

　　农村信息产品生产完成之后，需要送到需求者手中。不管是政府主体农村信息服务供给模式还是市场主体模式，抑或是第三方主体模式，它们都需要借助一定的信息载体或介质，将加工好的农村信息产品传递给农民。在不同的农村信息服务供给模式下，农村信息的传播渠道或者载体有所差异，但是最终目标具有一致性。不同种类的农村信息产品借助不同渠道的传播过程如图7-6所示。

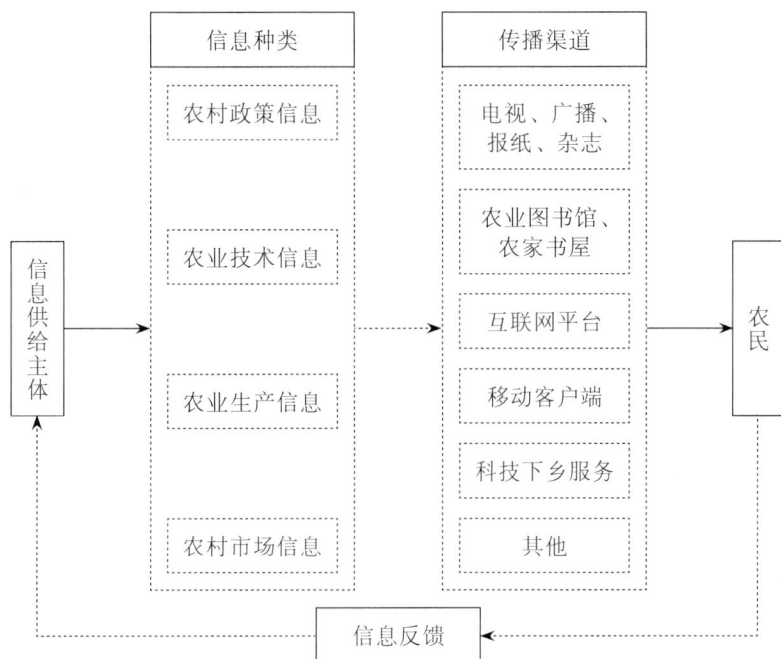

图7-6 农村信息产品的传播过程

（3）农村信息应用

农村信息应用与农民需求的信息种类息息相关，不同种类的信息需求产生不同的应用。一般情况下，农村信息应用可以分为农业生产应用和农民生活应用两大类，最终目标都是帮助农民实现自身利益的最大化。

7.2.2 影响因素分析

农村信息服务供给受多种因素的影响，农民的信息需求也是影响信息供给的风向标。不同的供给主体，所侧重的信息服务种类和信息传播渠道也会有所区别，另外，农民的信息素养、信息服务成本、信息技术水平等都是农村信息服务供给的重要影响因素。

（1）农民的信息需求

需求是供给的导向，农民的信息需求决定了信息服务的种类、规模和信息传播方式。根据前文对农村信息需求研究的结论可知，影响农村信息需求的显著因素有24种，直接导致信息服务供给的复杂性和多样性。农村信息服务供给的不同主体，都需要根据农民不同层次的信息需求，提供更加精准的信息服务，以满足农民多样化和个性化的信息需求。

（2）农民的信息素养

农民的信息素养，既包括自身的文化素质，也涉及对信息的接受意愿。根据上文研究结论，农民的信息采纳意愿在主观上影响着信息服务的供给。

（3）农村信息服务供给主体

在不同的农村信息服务供给模式下，不同的主体，其目标不同，信息服务供给的种类、质量和规模也会不同。在政府主体农村信息服务供给模式和第三方主体模式下，信息服务供给目标是为了更好地服务农民，促进农村经济和社会全面发展。然而，在市场主体农村信息服务供给模式下，信息服务供给以追求利润最大化为目标。

（4）信息服务人员的素养

当前，我国农村地区信息服务人员的文化水平普遍偏低，这在很大程度上影响了农村信息服务的质量，严重阻碍了农村信息服务的有效供给。除了引进和鼓励高素质的人才到农村信息服务的岗位就业之外，政府还需要加大对信息服务人员的培养和培训。

（5）信息技术水平

在互联网时代，传统的信息传播方式已无法满足农民生产生活多样化的信息需求。当前，农村信息的产生和传播都离不开信息技术的支撑，先进的计算机、通信技术在提升农村信息服务效果的同时，还有效降低了服务成本。

（6）信息服务成本

虽然政府主体农村信息服务供给模式、市场主体模式和第三方主体模式中的主体目标不完全一致，但是降低信息服务成本和追求社会总效益最大化是互相促进的。因此，信息服务成本的高低在一定程度上决定着信息产品质量的高低和信息服务的规模。

综上所述，农村信息服务的供给与农民的信息需求、农民的信息素养、农村信息服务主体、信息服务人员的素养、信息技术水平和信息服务成本存在相关关系。假设：S表示农村信息服务质量；N表示农民的信息需求；L表示农民的信息素养；M表示农村信息服务主体；A表示信息服务人员的素养；T表示信息技术水平；C表示信息服务成本。则有$S = f(S，N，L，M，A，T)$。其中，f为农村信息服务供给函数。

7.3 农村信息服务的行动主体供给模型构建

通过对农村信息服务供给模式的探讨，我们发现政府主体农村信息服务供给模式、市场主体模式和第三方主体模式均存在各自的优势和不足，结合影响农村信息服务供给的因素以及对农村信息服务部门的调查，可以考虑供应链视角下政府主导推进农村信息服务的市场化运行方式，企业成为最重要的农村信息生产者，政府仍然起主导作用但大幅降低对市场的干预，第三方充当中介桥梁的角色。基于斯坦伯格博弈理论，本书建立新型的政府、企业、第三方及农民之间利益最大化供给模型。

7.3.1 供给问题描述

研究由政府、企业以及第三方组成的农村信息服务供给。一方面，政府需要从信息需求方——农民——那里获得信息应用的反馈，以便进行有效改进。另一方面，政府需要从信息生产企业那里购买农民所需的信息，直接或者通过第三方将信息传递给农民。基于收益共享原则，政府享有比例 τ 的收益，第三方享有比例 $1-\tau$ 的收益，由于政府占主导地位，假设 $0 < \tau \le 1$；政府决定支付给农民的信息反馈价格 b 和农民获取信息所需支付的价格 p，第三方则决定服务努力水平 e，如图7-7所示。

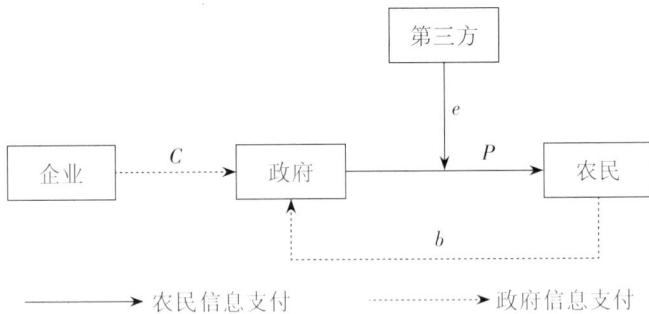

图7-7 农村信息服务供给模式

在信息反馈环节中，农民会综合考虑反馈收益、反馈便捷性来决定是否进行信息反馈，信息反馈的便捷性包括反馈方式的便利性、信息反馈花费的时间、信息服务人员的态度等，暂且不考虑反馈过程中自身信息隐私安全因素，在一般情况下，第三方服务努力水平越高，反馈渠道越便捷，农民付出越少，信息反馈积极性就越高，假设信息反馈函数为：

$$f = i + \mu_1 b + \mu_2 e \tag{7-1}$$

其中，i 为农民的信息反馈意愿，μ_1 为政府支付价格的敏感系数，μ_2 为信息反馈便捷敏感系数。在信息供给环节中，如果第三方作为政府与农民之间搭建顺畅的沟通桥梁且服务态度好，农民则会表现出积极的反馈意愿。假设需求函数为：

$$q = i - v_1 p + v_2 e \tag{7-2}$$

其中，v_1 为信息价格敏感系数，v_2 为信息接受便捷敏感度系数。

另外，假设第三方的信息服务努力成本函数为 $c_1(e) = me^2/2$，m 为农民信息反馈成本敏感系数，B 为政府接受反馈信息所获得的单位收益且 $B > b$；c 为企业单位信息销售成本且 $p > c$。

7.3.2 分散决策模型

分散决策情况下，假设政府为主导者、第三方为追随者进行斯坦伯格博弈。反馈函数为 $f = i + \mu_1 b + \mu_2 e$，需求函数为 $q = i - v_1 p + v_2 e$，政府供给信息服务的成本函数为 $c_2(e) = c(i - v_1 p + v_2 e)$，此时，政府、第三方的利润函数分别为：

$$\Gamma_A \atop (p, b) = \varphi(p(i - v_1 p + v_2 e) + (B - b)(i + \mu_1 b + \mu_2 e)) - c(i - v_1 p + v_2 e) \tag{7-3}$$

$$\Gamma_H \atop (e) = (1 - \varphi)(p(i - v_1 p + v_2 e) + (B - b)(i + \mu_1 b + \mu_2 e)) - me^2/2 \tag{7-4}$$

式（7-3）的 Hessian 矩阵：$H_A = \begin{bmatrix} -2v_1\varphi & 0 \\ 0 & -2\mu_1\varphi \end{bmatrix}$，因为 $|H_A| = 4v_1\mu_1\varphi^2 > 0$，第三方的利润函数是关于服务努力水平 e 的凹函数，政府的利润函数是关于 p 和 b 的联合凹函数，因此，可以利用斯坦伯格博弈的逆推方法进行求解。

（1）令 $\dfrac{\partial \Gamma_H}{\partial e} = -me + ((B - b)\mu_2 + pv_2)(1 - \varphi) = 0$，可以求得第三方的信息服务努力水平：$e = (b\mu_2 - B\mu_2 - pv_1)(\varphi - 1)/m$；

（2）令 $\dfrac{\partial \Gamma_A}{\partial P} = cv_1 + (i - 2pv_1 + v_2 e)\varphi = 0$，可以求得农村获取信息所需支付的价格：$p = v_1 c + i\varphi + v_2 e\varphi / 2v_1 \varphi$；

（3）令 $\dfrac{\partial \Gamma_A}{\partial b} = (-i - b\mu_1 + (B - b)\mu_1 - \mu_2 e)\varphi = 0$，可以求得政府的农村信息服务供给价格：$b = \mu_1 B - i - \mu_2 e / 2\mu_1$。

令 $\Omega = (\mu_2^2 v_1 + \mu_1 v_2^2)(\varphi - 1)\varphi + 2m\varphi v_1 \mu_1$，则政府的信息服务供给价格、农民信息反馈支付价格以及第三方的服务努力水平的求解公式可以分别表示为：

$$p_a = \frac{(\mu_2^2(\varphi - 1) + 2m\mu_1)v_1 \varphi c + (2m\mu_1 + (\mu_2 - v_2)(\varphi - 1)\mu_2)i - (\varphi - 1)B\mu_1 \mu_2 v_2}{2\Omega}$$

$$\tag{7-5}$$

$$b_a = \frac{v_2(\varphi - 1)(\varphi(\mu_2 - v_2) + c\mu_1 v_1) + B(2m\mu_1 v_1 + (2\mu_2^2 v_1 + \mu_1 v_2^2)(\varphi - 1)) - 2m\varphi v_1}{2\Omega}$$

$$\tag{7-6}$$

$$e_a = \frac{\varphi(i\mu_2 v_1 + i\mu_1 v_2 + B\mu_1 \mu_2 v_1)(1 - \varphi) + c\mu_1 v_1 v_2(1 - \varphi)}{\Omega} \tag{7-7}$$

将式（7-5）~（7-7）代入式（7-1）~（7-4），求得农民信息反馈量和信息需求量分别为：

$$f_a = \frac{B\mu_1 \varphi(2mv_1 + v_2^2(\varphi - 1)) + i\varphi(2mv_1 + v_2(1 - \varphi)(\mu_2 - v_2)) + c\mu_1 \mu_2 v_1 v_2(1 - \varphi)}{2\Omega}$$

$$\tag{7-8}$$

$$q_a = \frac{-v_1(i\mu_2(\varphi - 1)(B\mu_1 v_2 - \mu_2 + v_2) - 2mi\mu_1 + 2m\mu_1 v_1 + (\varphi - 1)(\mu_2^2 v_1 + 2v_2^2 \mu_1))\varphi c}{2\Omega}$$

$$\tag{7-9}$$

市场化运作下政府利润为 Γ_A^a，充当政府和农民中介的第三方组织获取利润为 Γ_H^a，因此供应链总利润为 $\Gamma_A^a + \Gamma_H^a$。经过计算得出如下结论一和结论二：

结论一：① $\dfrac{\partial p_a}{\partial \varphi} < 0$，$\dfrac{\partial b_a}{\partial \varphi} > 0$，$\dfrac{\partial e_a}{\partial \varphi} < 0$；② $\dfrac{\partial f_a}{\partial \varphi} > 0$，$\dfrac{\partial q_a}{\partial \varphi} < 0$。

根据结论一，市场化农村信息服务供给下，政府愿意分享的比例越多，所获得的利润也越多，同时会降低信息供给价格、提高信息反馈价格，让利于农民；相反，如果政府分享的比例减少，第三方获得的利润相应就少，第三方就会降低服务努力水平，表现出消极的一面。从农村信息需求量和农民信息反馈量的变化趋势可以看出，价格因素较便捷性因素更能影响农民的信息购买决策，而相反，便捷性因素较信息服务价格因素更能影响农民的信息反馈决策，因此，政府应该在农村信息供给和获取农民信息反馈上采取不同的策略，信息供给环节要注重价格策略，信息反馈环节要注重农民的感知和主观意愿。

结论二：① $\dfrac{\partial p_a}{\partial \mu_2} > 0$，$\dfrac{\partial b_a}{\partial \mu_2} < 0$，$\dfrac{\partial e_a}{\partial \mu_2} > 0$；② $\dfrac{\partial f_a}{\partial \mu_2} > 0$，$\dfrac{\partial q_a}{\partial \mu_2} > 0$。

同样计算可得，③ $\dfrac{\partial p_a}{\partial \mu_1} > 0$，$\dfrac{\partial b_a}{\partial \mu_1} < 0$，$\dfrac{\partial e_a}{\partial \mu_1} > 0$；④ $\dfrac{\partial f_a}{\partial \mu_1} > 0$，$\dfrac{\partial q_a}{\partial \mu_1} > 0$。

根据结论二，农民对信息反馈的便捷性越敏感，第三方则更加期望通过提升服务努力水平来提高信息反馈量和增加利润。一方面，服务努力水平的提升直接导致农民信息需求量增加；另一方面，农民信息反馈量的增加导致农民收益的增加和信息需求数量的增加。政府则出于对自身收益的考虑，会提升农村信息供给的价格，同时会降低向农民支付的信息反馈价格。

7.3.3 集中决策模型

假设存在中央决策者，决策变量为农民信息反馈价格 b、农村信息供给价格 p 和农村信息服务努力水平 e，信息反馈函数为 $f = i + \mu_1 b + \mu_2 e$，信息服务努力成本函数为 $c(e) = me^2/2$，m 为成本敏感系数。此时，农村信息服务供应链的利润函数：

$$\Gamma_B \atop (p,\ b,\ e)} = -\frac{me^2}{2} + (p-c)(i-pv_1+ev_2) + (B-b)(i+b\mu_1+e_2\mu) \qquad (7\text{-}10)$$

式（7-10）的 Hessian 矩阵：$H = \begin{bmatrix} -2v_1 & 0 & v_2 \\ 0 & -2\mu_1 & -\mu_2 \\ v_2 & -\mu_2 & -m \end{bmatrix}$，因为

$|H_1| = -2v_1 < 0;\quad |H_2| = \begin{vmatrix} -2v_1 & 0 \\ 0 & -2\mu_1 \end{vmatrix} = 4v_1\mu_1 > 0;\quad |H|_3 = \begin{vmatrix} -2v_1 & 0 & v_2 \\ 0 & -2\mu_1 & -\mu_2 \\ v_2 & -\mu_2 & -m \end{vmatrix},$

当 $\mu_1 v_2^2 + v_1 \mu_2^2 < 2mv_1\mu_1$ 时，该农村信息服务供应链利润函数是关于 p、b 和 e 的联合凹函数，存在唯一最大值。根据式（7-10）最大化的一阶条件，进行如下计算：

（1）令 $\dfrac{\partial \Gamma_B}{\partial p} = (c-2p)v_1 + ev_2 + i = 0$，则通过计算可以得到农村信息供给价格为：$p = \dfrac{cv_1 + ev_2 + i}{2v_1}$；

（2）令 $\dfrac{\partial \Gamma_B}{\partial b} = (B-2b)\mu_1 - e\mu_2 - i = 0$，则通过计算可以得到农民信息反馈价格为：$b = \dfrac{b\mu_1 - e\mu_2 - i}{2\mu_1}$；

（3）令 $\dfrac{\partial \Gamma_B}{\partial e} = (B-b)\mu_2 + (p-c)v_2 - me = 0$，则通过计算可以得到第三方信息服务努力水平为：$e = \dfrac{(p-c)v_2 + (B-b)\mu_2}{m}$。

令 $\sum = 2mv_1\mu_1 - \mu_1 v_2^2 - v_1\mu_2^2$，则农村信息供给价格、农民信息反馈价格和第三方信息服务努力水平分别表示为：

$$p_B = \frac{(cv_1-i)\mu_2^2 + 2(cv_1+i)m\mu_1 + (B\mu_1\mu_2 + i\mu_2 - 2c\mu_1 v_2)v_2}{2\sum} \qquad (7\text{-}11)$$

$$b_B = \frac{(i-B\mu_1)v_2^2 + 2(B\mu_1-i)mv_1 - (cv_1 v_2 - 2Bv_1\mu_2 - iv_2)\mu_2}{2\sum} \qquad (7\text{-}12)$$

$$e_B = \frac{(\mu_2 v_1 + \mu_1 v_2)i + (Bv_1 - cv_2)\mu_1 \mu_2}{\sum} \tag{7-13}$$

将式（7-11）和式（7-13）代入式（7-1）、式（7-2）和式（7-10），可以得出农村信息服务供给量和农民信息反馈量：

$$f_B = \frac{(B\mu_1 v_2 + cv_1 \mu_2 + iv_2 - i\mu_2) + 2mv_1 \mu_1(i - cv_1)}{2\sum} \tag{7-14}$$

$$q_B = \frac{(2mB\mu_1 + 2mi - cv_2 \mu_2)v_1 \mu_1 + (i\mu_2 - B\mu_1 v_2 - iv_2)\mu_1 v_2}{2\sum} \tag{7-15}$$

因此，根据计算可以得到如下结论三和结论四：

结论三：① $\dfrac{\partial p_B}{\partial \mu_2} > 0$，$\dfrac{\partial b_B}{\partial \mu_2} < 0$，$\dfrac{\partial e_B}{\partial \mu_2} > 0$；② $\dfrac{\partial f_B}{\partial \mu_2} > 0$，$\dfrac{\partial q_B}{\partial \mu_2} > 0$；

③ $\dfrac{\partial p_B}{\partial \mu_1} > 0$，$\dfrac{\partial b_B}{\partial \mu_1} < 0$，$\dfrac{\partial e_B}{\partial \mu_1} > 0$；④ $\dfrac{\partial f_B}{\partial \mu_1} > 0$，$\dfrac{\partial q_B}{\partial \mu_1} > 0$。同时，在集中决策情况下，求解偏导的绝对值均大于分散决策情况下的相应值，即存在以下关系：$\left|\dfrac{\partial p_B}{\partial \mu_j}\right| > \left|\dfrac{\partial p_A}{\partial \mu_j}\right|$，$\left|\dfrac{\partial b_B}{\partial \mu_j}\right| > \left|\dfrac{\partial b_A}{\partial \mu_j}\right|$，$\left|\dfrac{\partial e_B}{\partial \mu_j}\right| > \left|\dfrac{\partial e_A}{\partial \mu_j}\right|$；

$\left|\dfrac{\partial f_B}{\partial \mu_j}\right| > \left|\dfrac{\partial f_A}{\partial \mu_j}\right|$，$\left|\dfrac{\partial q_B}{\partial \mu_j}\right| > \left|\dfrac{\partial q_A}{\partial \mu_j}\right|$，（$j = 1$，$2$）。

通过对上述结论分析可知，农民信息反馈的便捷程度不仅对农村信息服务供应链中的反馈环节有影响，还会影响农村信息的供给环节。农民信息反馈价格的降低与信息反馈量的增加并非一对完全对立的矛盾体。政府在主导农村信息服务供给中要采取更加有效的策略和措施，做到农村信息供给和反馈环节兼顾才能达到良好的效果。

结论四：在政府主导、第三方追随的农村信息服务供应链中，存在如下关系，即 $f_A < f_B$，$q_A < q_B$，$\Gamma_A < \Gamma_B$。

从结论四可以看出，在集中决策模式下，农村信息服务供应链的利润高于分散决策模式。集中决策不仅增加了农民的信息需求量和反馈量，还提高了企业的收益，增强了企业对农村信息服务生产和供给的信心。与分散决策相比，集中决策更有利于提升农村信息服务供应链的经济效益。因此，农村信息服务供应链的协调是必然趋势。

7.3.4 供应链协调模型

通常固定转移支付方法是实现供应链协调的有效手段。在由政府和第三方组成的农村信息服务供应链中，政府作为主导者，可以设计以下契约：如果第三方的利润高于分散决策模式下的利润，政府将收取固定费用 t；如果第三方的利润低于分散决策模式下的利润，政府将给予固定补助 t，从而确保第三方在农村信息服务中的利润保持不变。进行这种约定，既能保证第三方的参与积极性，又能实现政府主导下的利润最大化。政府利润函数和第三方利润函数分别见式（7-16）和式（7-17）。

$$\Gamma_A \atop (p, b, e) = p(i - pv_1 + ev_2)\varphi + (B - b)(i + b\mu_1 + e\mu_2)\varphi - t \tag{7-16}$$

$$\Gamma_H \atop (p, b, e) = p(i - pv_1 + ev_2)(1 - \varphi) + (B - b)(i + b\mu_1 + e\mu_2)(1 - \varphi) - \frac{me^2}{2} + t \tag{7-17}$$

计算过程如下：将式（7-11）~式（7-13）代入式（7-16）和式（7-17），得到农村信息服务供应链协调下的政府利润 Γ'_A、第三方利润 Γ'_H。令 $\Gamma'_H = \Gamma^A_H$，可解得固定费用 t 值；同时，不难发现协调模式下政府利润要高于分散模式下政府利润，即 $\Gamma'_A \geqslant \Gamma^A_A$。因此，可以得到以下结论：

结论五：利用固定转移支付的方法实现农村信息服务供给供应链协调过程中得出 $f_t > f_A$，$q_t > q_A$，$\Gamma'_H = \Gamma^A_H$，$\Gamma'_A \geqslant \Gamma^A_A$，并且达到了供应链整体最优。

根据上述结论，农村信息服务供应链的协调使得在不影响第三方利益的前提下增加了政府的利润，有效促进政府主导模式发展的同时，也实现了企业、第三方、农民等各方收益的最大化。

7.4 农村信息服务的行动主体供给模型验证及分析

7.4.1 供给模型检验

为了验证模型的有效性，对模型中得出的结论进行更有效的应用，本节以A县农村信息服务供给情况为例，进行深入的分析和探讨。根据上文对A县农村信息服务部门的调查情况，可以对系统的各参数值作出如下设定：$B=6$，$C=\dfrac{1}{6}$，$v_1=\dfrac{1}{4}$，$\mu_1=\dfrac{1}{2}$，$v_2=\dfrac{1}{10}$，$\mu_2=\dfrac{1}{10}$，$m=\dfrac{1}{10}$，$i=1$，$\varphi=\dfrac{2}{3}$，A县农村信息服务供给的供应链的决策见表7-9。

表7-9   **A县农村信息服务供给的决策选择**

模式	p	b	e	f	q	Γ_A	Γ_H	Γ_B	t
分散模式	$\dfrac{557}{216}$	$\dfrac{383}{216}$	$\dfrac{245}{108}$	$\dfrac{503}{864}$	$\dfrac{913}{432}$	$\dfrac{640\,049}{93\,312}$	$\dfrac{66\,787}{20\,736}$	$\dfrac{1\,881\,181}{186\,624}$	—
集中模式	$\dfrac{317}{84}$	$\dfrac{97}{84}$	$\dfrac{355}{42}$	$\dfrac{101}{112}$	$\dfrac{407}{168}$	—	—	$\dfrac{15\,347}{1\,344}$	—
协调模式	$\dfrac{317}{84}$	$\dfrac{97}{84}$	$\dfrac{355}{42}$	$\dfrac{101}{112}$	$\dfrac{407}{168}$	$\dfrac{1\,189\,967}{145\,152}$	$\dfrac{66\,787}{20\,736}$	$\dfrac{15\,347}{1\,344}$	$\dfrac{1\,773\,895}{1\,016\,064}$

根据表7-9中的数据可以发现：（1）集中决策下的A县农村信息服务需求量、信息反馈量、供应链利润均多于分散决策下的信息服务需求量、信息反馈量、供应链利润，有必要进行供应链协调。（2）从

决策选择的计算结果发现 $p_A = p_B$，$b_A > b_B$，$e_A < e_B$；同时，$e_B \approx 4e_A$，$\Gamma_H^A = \Gamma_H'$。（3）协调后的农村信息服务供应链既要实现政府、企业、第三方以及农民各方利润最大化，还要保证各方参与的积极性。为此作为博弈的主导者，政府可以将固定支付转移给第三方，使其最终的利润获取等同于分散决策下的情形，这样既保证了成本的有效降低，又不会打击第三方的积极性。很容易发现，在农村信息服务供应链协调中，固定转移支付方法实现了各方主体的合作共赢，使得各方利益达到最大化。

政府与第三方之间的利益分配比例在很大程度上决定了二者的利润，同时，又对农村信息服务供给价格、信息反馈价格以及信息服务努力水平的决策产生着重要影响。假设 $\varphi \in (0, 1)$，利用利润分配比例与农村信息供给价格曲线来探究二者间关系，具体如图7-8所示。

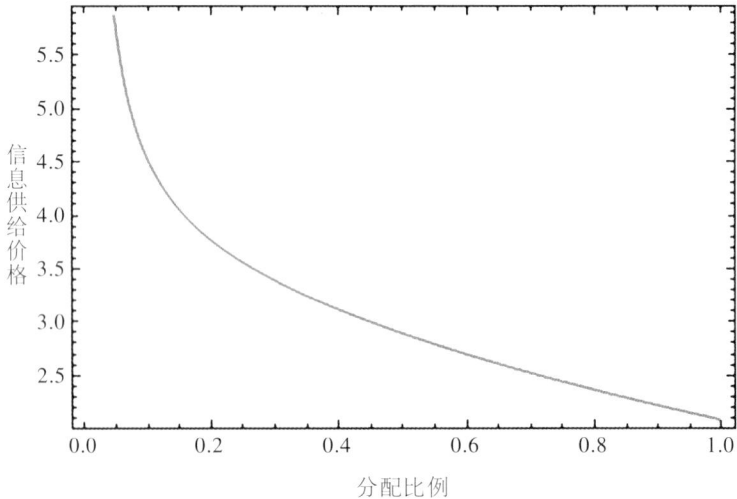

图7-8　分配比例对信息供给价格的影响

利用利润分配比例与农民信息反馈价格曲线来探究二者之间关系，具体如图7-9所示。

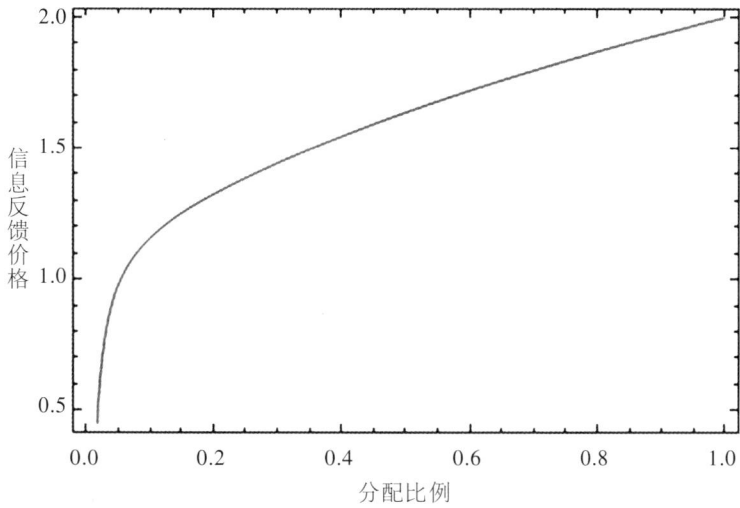

图 7-9　分配比例对信息反馈价格的影响

同时，可以利用利润分配比例与第三方农村信息服务努力水平曲线来探究二者间关系，具体结果如图 7-10 所示。

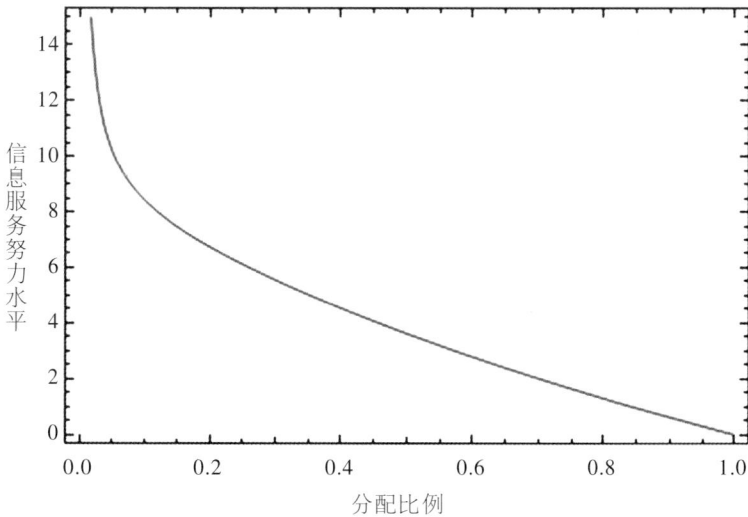

图 7-10　分配比例对信息服务努力水平的影响

很显然，农村信息服务供应链中利润分配比例对于农村信息供给价格、农民信息反馈价格以及信息服务努力水平等因素都有明显影响。农村信息供给价格和第三方信息服务努力水平都随着政府与第三方之间利润分配比例的增加而降低，而农民信息反馈价格随着利润分配比例的增加而提高。

根据结论二，不难发现农民对信息反馈便捷性的敏感度在很大程度上影响着农村信息供给价格、信息反馈价格以及第三方信息服务努力水平，故可假设 $\mu_2 \in (0，0.5)$，利用农民对信息反馈便捷性的敏感度参与农村信息服务供给决策，由于农民生产生活有很大的自主性，时间安排较灵活，因此，可以利用农民的整体信息供给价格曲线来探究农民对信息反馈便捷性的敏感度与农村信息供给价格二者间的关系，具体如图7-11所示。

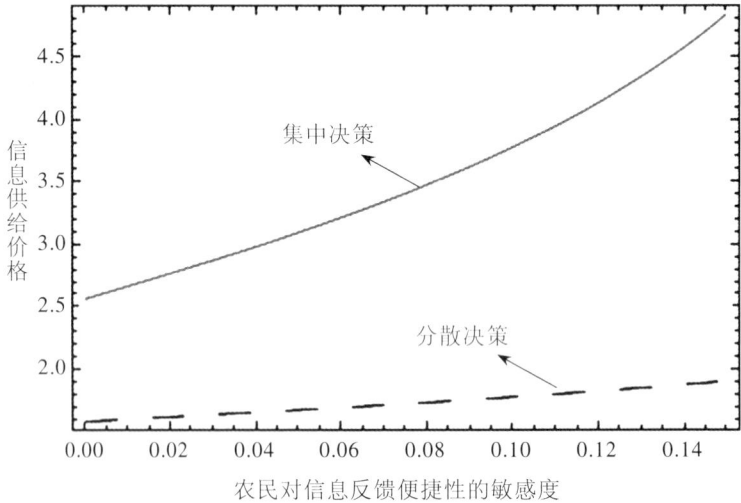

图7-11　农民对信息反馈便捷性的敏感度对信息供给价格的影响

可以利用农民对信息反馈便捷性的敏感度与信息反馈价格曲线来探究二者之间的关系，具体如图7-12所示。

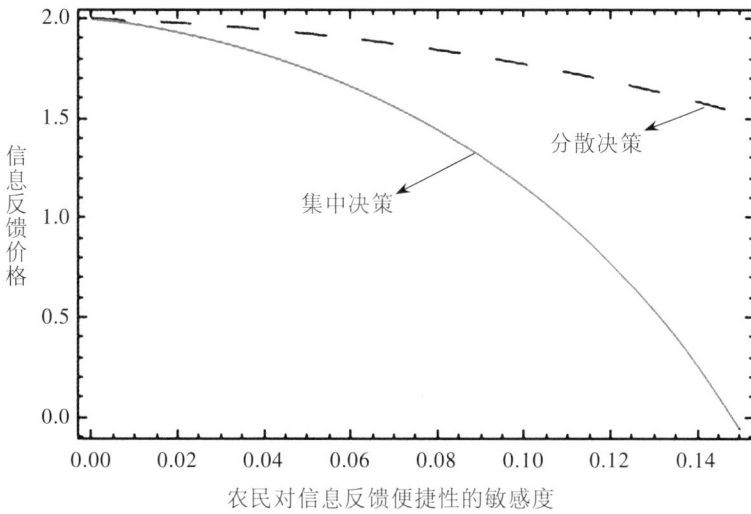

图7-12 农民对信息反馈便捷性的敏感度对信息反馈价格的影响

同时，可以利用农民对信息反馈便捷性的敏感度与第三方信息服务努力水平曲线来探究二者间的关系，具体结果如图7-13所示。

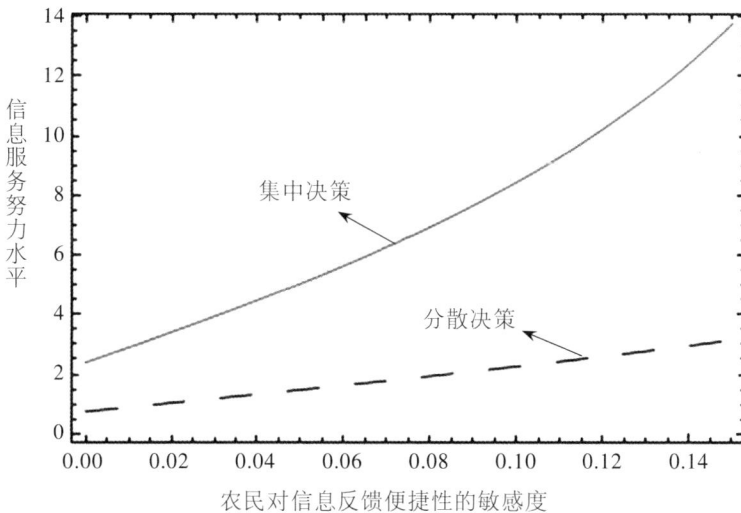

图7-13 农民对信息反馈便捷性的敏感度对第三方信息服务努力水平的影响

很容易看出，农民对信息反馈便捷性的敏感度对农村信息供给价格、农民信息反馈价格以及第三方信息服务努力水平等因素都有明显影响。农村信息供给价格和第三方信息服务努力水平都随着农民对信息反馈便捷性的敏感度的提高而提高，农民信息反馈价格随着农民对信息反馈便捷性的敏感度的提高而降低。进行更进一步的分析，还可以发现：农民对信息反馈便捷性的敏感度对第三方信息服务努力水平的影响程度最大，对农村信息供给价格的影响次之，对农民信息反馈价格的影响最小。

与农民对信息反馈便捷性的敏感度的影响具有相似结论，农民对信息获取便捷性的敏感度在很大程度上影响着农村信息供给价格、农民信息反馈价格以及第三方信息服务努力水平的决策。同样，由于农民整体对便捷的需求不高，可以假设 $\mu_2 \in (0，0.5)$，利用农民对信息获取便捷性的敏感度与农村信息供给价格曲线来探究二者间关系，具体如图7-14所示。

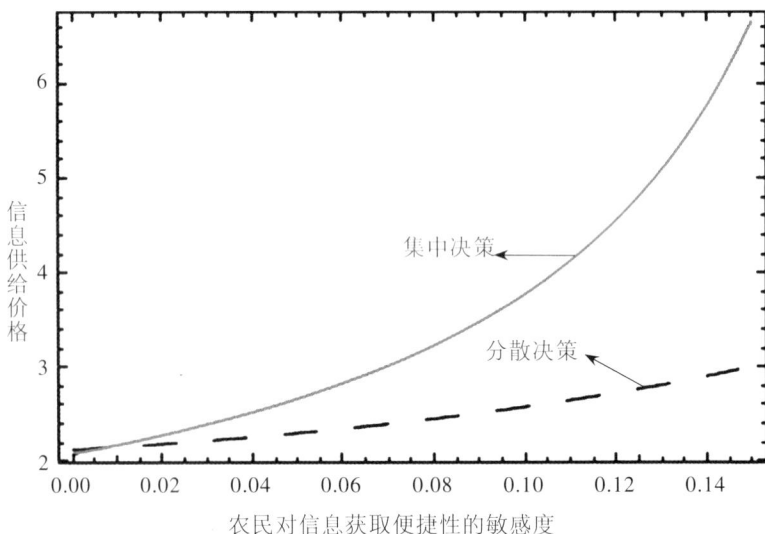

图7-14　农民对信息获取便捷性的敏感度对信息供给价格的影响

利用农民对信息获取便捷性的敏感度与信息反馈价格曲线来探究

二者之间的关系，具体如图7-15所示。

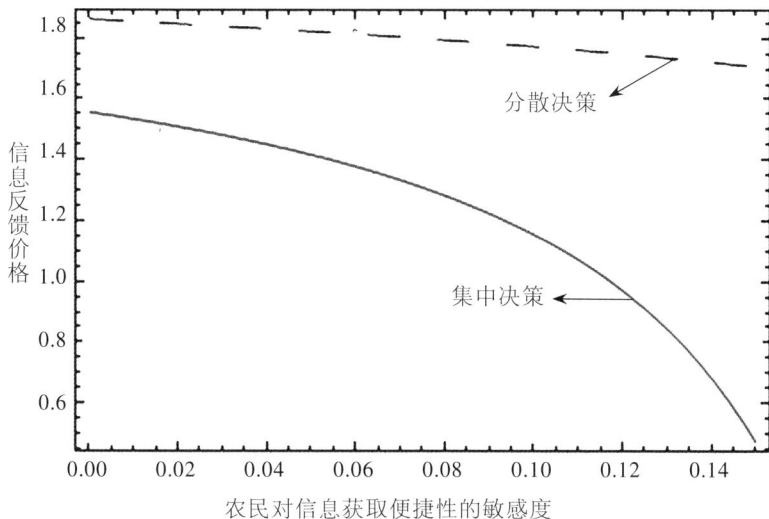

图7-15　农民对信息获取便捷性的敏感度对信息反馈价格的影响

同样，可以利用农民对信息获取便捷性的敏感度与第三方信息服务努力水平曲线来探究二者间的关系，具体结果如图7-16所示。

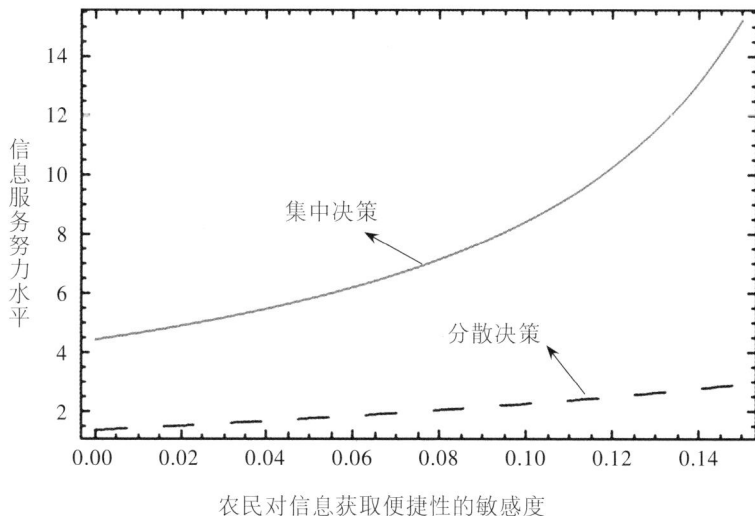

图7-16　农民对信息获取便捷性的敏感度对第三方信息服务努力水平的影响

不难看出，农民对信息获取便捷性的敏感度对农村信息供给价格、农民信息反馈价格以及第三方信息服务努力水平等因素都有明显影响。农村信息供给价格和第三方信息服务努力水平随着农民对信息获取便捷性的敏感度的提高而提高，农民信息反馈价格随着农民对信息获取便捷性的敏感度的提高而降低。进行更进一步的分析可以发现：农民对信息获取便捷性的敏感度对第三方信息服务努力水平的影响程度最大，对农村信息供给价格的影响次之，对农民信息反馈价格的影响最小。

综上所述，在农村信息服务供应链中，各项参数对第三方信息服务努力水平影响较大，而对农村信息供给价格和农民信息反馈价格的影响相对较小。这主要是因为政府在供应链中处于主导地位，掌握着农村信息供给价格和农民信息反馈价格的决策权。各项参数的变化对政府决策有重要影响，进而间接作用于农村信息供给价格和农民信息反馈价格，农村信息供给价格和农民信息反馈价格两者之间也存在相互影响和制约的关系。第三方决定了农村信息服务的努力水平，各项参数通过第三方显著影响农村信息服务努力水平。

7.4.2　实验结果分析

以 A 县农村信息服务供给为例，本节主要研究了由政府、企业和第三方组成的供应链的定价与协调问题。由于第三方的农村信息服务努力水平影响农民的信息获取和信息反馈意愿，同时又直接关系到供应链中各方的利益，因此第三方信息服务努力水平的决策成为影响供需平衡的关键因素。此外，为了保证各方利益的最大化，通过固定支付成本契约的设计和限定，对农村信息服务供应链进行了协调，这也体现了政府、企业和第三方协同供给的重要性。最后通过分析政府与第三方之间的利益分配比例、农民的敏感度等因素对决策变量的影响，得到一系列相关结论，为农村信息服务供给决策提供了参考。

7.5　本章小结

本章主要从行动主体视角对农村信息服务供给进行分析，得出如下结论：

（1）首先分别对农村信息服务供给的政府、市场和第三方这三个主体的供给模式、供给动因以及供给的优劣势进行了分析。这是对第3章农村信息服务供给综述部分的深入和延续性研究。

（2）以A县为例对农村信息服务部门进行调查，主要包含农村信息服务人员的情况、供给的信息类型、信息来源、信息环境以及信息经费等方面。本章与第5章以A县为例的农村信息服务的客观需求分析和第6章中以该县为例的农村信息服务的主观需求分析保持了逻辑上的一致性。

（3）梳理并描述农村信息服务供给的过程，同时对影响农村信息服务供给的因素进行了探讨，这是对第5章和第6章农村信息服务需求侧分析研究结果的验证。

（4）构建农村信息服务供给的斯坦伯格模型，从行动主体视角研究了政府与农民、第三方机构与农民的互动关系。该部分是对第5章农村信息服务需求侧分析（客观视角）和第6章农村信息服务需求侧分析（主观视角）结果的应用，同时又为第8章完善农村信息服务的对策及建议提供了理论和实践依据。

8

完善农村信息服务的对策及建议：供需均衡视角

本章首先建立农村信息服务供需均衡模型，探讨供给与需求不平衡的成因及对策。接着，分析并借鉴国内外主要的农村信息服务模式，从需求和供给两方面出发，结合数据挖掘技术，建立农村信息服务供需均衡模式，并提出具体的实现路径。

8.1 农村信息服务供需均衡分析

市场均衡是指供给与需求达到平衡的一种市场状态，这种状态是在其他条件不变的情况下，由供给曲线与需求曲线的交点，即均衡价格来决定的。均衡价格是农村信息的供给数量与需求数量相同时的价格，均衡价格下农民和信息生产企业的利益得以平衡。农村信息服务供给采用的是由政府、市场和第三方共同参与的综合服务模式，虽然农村信息服务具有公共服务产品的属性，但同时它也具备商品的部分特性。

8.1.1 供需均衡模型

（1）政府主体模式卜的均衡模型

政府主体农村信息服务供给模式下，农村信息服务产品最大的特征就是非竞争性和共享性，一般农村信息服务产品生产出来之后，不会有成本的增加，即消费增加边际成本为零。政府主体农村信息服务供给模式下，农村信息的需求方之间不存在竞争关系，因此很难按照一般的市场均衡理论和框架进行供需分析。

供给方面，农村信息服务供给方为政府，而且政府提供的信息服务缺乏对成本和价格的敏感性，在很大程度上依据决策者的意志进行信息产品的生产和供给。需求方面，农民对信息服务有刚需，同时在只有政府供给的条件下，农村信息产品价格就失去了弹性。

因此，在政府主体模式下，农村信息服务的供给和需求曲线为平行曲线，两条曲线不存在交点，不能达到价格均衡状态。根据管延斌等（2016）的研究，可以建立政府主体模式下的农村信息服务供求曲线，如图8-1所示。

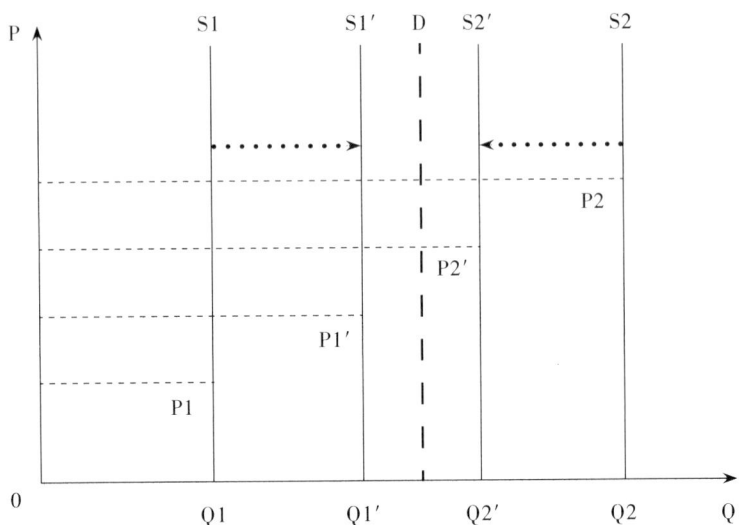

图8-1 政府主体模式下农村信息服务供需曲线

根据政府主体模式下农村信息服务供给模式的特征，作出以下假设：

假设1：在一定时期内，农民的信息服务需求曲线D是固定不变的；

假设2：政府决策者依据当前掌握的信息现状来决定农村信息服务供给曲线S。

① 假设初始农村信息服务供给状态为S1，农村信息服务价格为P1，初始农民信息服务需求状态为D，农村信息服务供给量为Q1。D为实际农民信息服务需求状态曲线，S1为政府信息服务供给曲线，此时处于供给不足状态。为了满足农民信息服务需求，增加供给。表

现为曲线 S1 逐步向右平移至曲线 S1′，政府信息服务供给量由 Q1 逐步增大至 Q1′，信息服务价格由原来的 P1 增加至 P1′。此时，供需状态达到了基本的平衡。

② 假设初始供给状态为 S2，信息服务价格为 P2，初始需求状态为 D，信息服务供给量为 Q2。D 为实际农民信息服务需求状态曲线，S2 为政府信息服务供给曲线，此时处于供大于求的状态。政府为了减少信息资源浪费，降低自身成本，会采取减少信息服务供给的措施。表现为曲线 S2 逐步向左平移至曲线 S2′，政府信息服务供给量由 Q2 降至 Q2′，信息服务价格由原来的 P2 降至 P2′。此时供需状态达到了基本的平衡。

可以看出，政府主体模式下，农村信息服务的供需平衡主要依赖政府决策者所做的决策。随着时间的推移，政府部门会逐步调整供给数量，初始不均衡的状态会逐步达到（S1′，D）或（S2′，D）的准均衡状态。

（2）市场主体模式下的均衡模型

市场主体模式下，农村信息服务作为一种普通商品，遵循经济学的一般规律。农村信息服务产品具有价值和使用价值，同时作为劳动产品具有可交换性。农村信息服务均衡状态就是市场上信息服务产品的供应量与需求量的一种平衡状态。

从供给方面看，一般农村信息服务产品的供给量与市场价格呈正相关关系，同时，供给量还受生产成本、技术水平、竞争对手等多种因素的影响。从需求方面看，一般农村信息服务产品的需求量与市场价格成反比。农村信息服务供给曲线和需求曲线的交点表示信息供需均衡价格点，代表农村信息服务供求平衡的状态。

因此，首先需要作出农村信息服务市场处于完全竞争状态的假设，根据市场供需平衡理论建立农村信息服务的供需模型，通过供给和需求曲线的运动变化，来分析农村信息服务的供需均衡状况，供需曲线变化如图8-2所示。

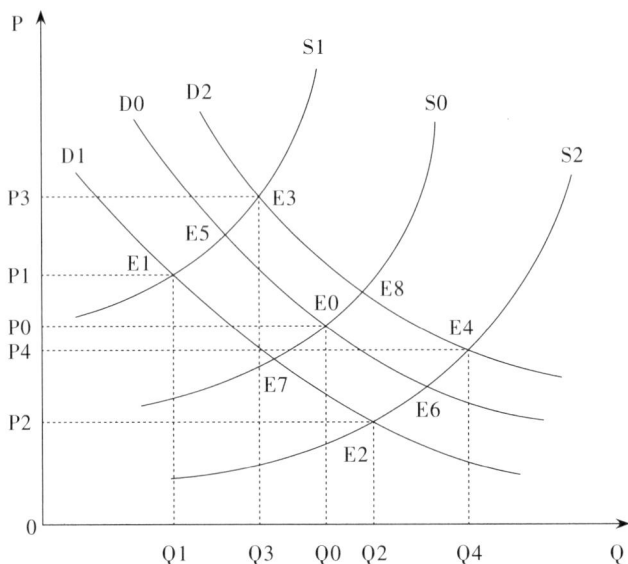

图8-2　市场主体模式下农村信息服务供需曲线

根据经济学理论，市场主体模式下农村信息服务供需均衡状态由农村信息服务供给和农民信息服务需求共同决定。根据图8-2，D0为初始农村信息服务需求曲线，Q0为初始农村信息服务供给量，S0为初始农村信息服务供给曲线，E0为初始均衡点，P0为初始状态下的均衡价格。根据供需曲线的运动方向，可以从以下方面分析供需平衡的变化情况。

① 农村信息服务需求曲线D0不变，信息服务供给曲线S0向左平移。当S0移动至S1位置时，农村信息服务供需均衡点E0移至E5处。此时农村信息服务价格呈上升趋势，而信息服务供给量则逐步减少，农村信息服务供需均衡水平降低。

② 农村信息服务需求曲线D0不变，供给曲线S0向右平移。当S0移动至S2位置时，农村信息服务供需均衡点E0移至E6处。此时

农村信息服务产品价格下降，供给量增大，农村信息服务供需均衡水平提升。

③ 农村信息服务供给曲线 S0 不变，需求曲线 D0 向左平移。当 D0 移动至 D1 位置时，农村信息服务供需均衡点 E0 移至 E7 处。此时信息服务价格和供给量均下降。

④ 农村信息服务供给曲线 S0 不变，需求曲线 D0 向右平移。当 D0 移动至 D2 位置时，农村信息服务供需均衡点 E0 移至 E8 处。此时农村信息服务价格上升，相应的信息服务供给量也会增大。

⑤ 农村信息服务需求曲线 D0 向左平移，供给曲线 S0 也向左平移。当 D0 移至 D1 位置，S0 移至 S1 位置时，农村信息服务供需均衡点 E0 移至 E1 处。此时农村信息服务供给量由 Q0 降至 Q1，农村信息服务均衡价格由 P0 增加至 P1。

⑥ 农村信息服务需求曲线 D0 向左平移，供给曲线 S0 向右平移。当 D0 移至 D1 位置，S0 移至 S2 位置时，农村信息服务供需均衡点 E0 移至 E2 处。此时农村信息服务供给量由 Q0 增至 Q2，农村信息服务均衡价格由 P0 降低至 P2。农村信息服务均衡水平提升。

⑦ 农村信息服务需求曲线 D0 向右平移，供给曲线 S0 向左平移。当 D0 移至 D2 位置，S0 移至 S1 位置时，农村信息服务供需均衡点 E0 移至 E3 处。此时农村信息服务供给量由 Q0 降至 Q3，农村信息服务均衡价格由 P0 提高至 P3。

⑧ 农村信息服务需求曲线 D0 向右平移，供给曲线 S0 也向右平移。当 D0 移至 D2 位置，S0 移至 S2 位置时，农村信息服务供需均衡点 E0 移至 E4 处。此时农村信息服务供给量由 Q0 增加至 Q4，农村信息服务均衡价格由 P0 降至 P4。农村信息服务均衡水平提升。

从上述分析可以看出，农村信息服务供需曲线的变化会导致均衡状态的变化，具体体现在均衡价格和供给数量的变化。从经济学角度看，供给量增加和均衡价格降低都会提升农村信息服务供需均衡水平，不但能够扩大农民的信息需求，还可以促进农村经济的发展。

8.1.2 供需失衡成因

农村信息服务需求与供给之间的不平衡性，是由影响供需双方的多种因素共同作用的结果，从影响农村信息服务需求的因素和影响农村信息服务供给的因素两方面分析，农村信息服务需求与供给不平衡的原因可以归结为农村信息服务有效需求不足和信息服务有效供给不足。

（1）农村信息服务有效需求不足

农民是农村信息服务需求的主体，农村信息应用的程度取决于农民从信息服务中获得的收益状况。当前，由于农村信息服务给农民带来的有效收益不足，这大大降低了农村信息的有效需求。根据前文的研究结论，农村信息服务需求的影响因素主要有环境因素、主体因素、家庭因素、经济因素、地理因素、认知因素和政策因素等。本书从这七个方面讨论农村信息服务有效需求不足的成因。

① 环境方面。由于农村信息环境差异性大，区域信息化程度参差不齐，农村信息服务需求缺乏外在动力。首先，农村信息基础设施与技术水平不高，这在一定程度上降低了农村信息服务需求的资源基础。其次，农村信息人才匮乏，这导致农民对农村信息服务供给的不信任，使得农村信息服务有效需求大大降低。再次，农村信息网络覆盖不足，信息传播渠道不通畅，供给方很难有效掌握农民需求。农村信息网络覆盖反映了农村信息基础设施的应用状况。最后，农村信息服务投入与产出比不匹配，投入大，产出低，农民的预期收益很难达到，这也在一定程度上降低了农村信息服务的有效需求。

② 主体因素。农民主体特征主要包括性别、年龄、婚姻状况、健康状况、文化水平、从事职业、个人收入、外出务工经历等，农民主

体特征对农村信息服务需求的信息类型、信息传播渠道、信息敏感度等有较为明显的影响。当前，农村留守的多为女性和年龄偏大男性，文化水平偏低，对农村信息敏感度较低，这导致信息有效需求不足。

③ 家庭因素。当前，我国传统农村生产最主要的单位是家庭，这种规模小、效益低的生产组织形式，对信息技术的依赖程度较低，缺乏通过信息技术来提升收入和效益的强烈愿望，因此，农民不愿为信息服务支付费用，这限制了农村信息服务的效用，从而降低了农村信息服务的有效需求。随着促进农业发展政策的出台，农业生产规模会越来越大，这会促进农民对信息服务的需求。

④ 经济因素。从本书问卷调查的结果发现，在经济发达的平原地区，农村信息服务需求要优于丘陵和山区，农村人均收入越高，农民对信息服务的需求就越强烈。一般认为，经济因素与农村有效信息需求存在正相关关系。当前，农民收入普遍偏低，这成为农村信息服务有效需求不足的原因之一。

⑤ 地理因素。根据上文的研究结论，地理特征对农村信息服务需求具有较大影响，地理特征主要体现在乡村地理位置方面，包括与县级公路的距离、与省级公路的距离、与乡镇中心的距离、与县城中心的距离等。上述这些距离越短，农村信息服务需求就越强烈，反之，农民对信息的需求越不敏感。农村地理位置普遍偏离各中心，这在一定程度上导致了农村信息服务有效需求的不足。

⑥ 认知因素。认知因素对农村信息服务需求具有重要的影响，认知因素主要包括农村主体对信息的认知程度、接受意识和接受能力等。一般情况下，认知能力越强，农村有效信息服务需求越旺盛，而当前农民整体文化素质偏低，整体认知水平不高，这成为农村信息服务有效需求不足的重要影响因素之一。

⑦ 政策因素。国家相关农村信息化政策是农村信息服务需求的

风向标，政府政策，如乡村振兴战略、农村电子商务、数字乡村、智慧乡村等相关政策，影响着农民对农村信息服务需求的感知程度。政策从出台到落地，需要一个过程，政策执行结果往往与政策制定的初衷有所偏差，这在一定程度上影响了农村信息服务的有效需求。

（2）农村信息服务有效供给不足

根据信息的外部性，需求人数的增加会大大增加信息收益。政府主体农村信息服务供给模式下，由于缺乏有效的竞争机制，内在供给动力不足，信息供给质量不高。由于市场主体农村信息服务供给模式占比较低，不论是信息企业本身的数量，还是信息供给量，都存在不足的现状。第三方主体作为政府和市场、政府和农民沟通的桥梁，由于数量不足，所发挥的作用也极其有限。可见，当前农村信息服务供给还存在较多的问题，使得农村信息服务有效供给不足。根据上文中影响农村信息服务供给的因素和对信息服务部门的问卷调查结果，本节从农村信息需求、供给主体、农民信息素养、信息服务成本、信息技术水平等方面来分析农村信息服务有效供给不足的原因。

① 农村信息服务需求的多样性与复杂性，大大提高了农村信息服务供给的难度。需求是供给的导向，农村信息服务需求决定了信息服务供给的信息种类、规模和传播方式。根据前文对农村信息服务需求研究的结论可知，农村信息服务需求受24个显著因素的影响，导致了农村信息服务供给的复杂性和多样性。农村信息服务部门要投入更大的精力，不但要认真研究农民的共性信息服务需求，还要考虑农民个性化的信息服务需求，同时还要根据农民信息服务需求的变化，及时调整信息服务供给。而通过调查发现，当前的农村信息服务部门还不具备该条件和能力。因此，农村信息服务需求的多样性与复杂性是导致农村信息服务有效供给不足的重要因素。

② 农民信息素养偏低，缺乏辨别能力，在信息采纳上存在选择

困难。农民信息素养不仅包含了农民自身的文化素质，也涉及农民对信息接受的主观意愿。根据上文的研究结论，农民对信息的采纳意愿在很大程度上影响着信息服务的供给。通过调查发现，农民的整体信息素养不高，承担风险的能力较弱，因此，农民不具备对信息服务作出迅速反应的能力，这导致农村信息服务的有效供给不足。

③ 农村信息服务供给主体地位不对等，缺乏有效的联动机制，这是农村信息服务有效供给不足的重要原因。在不同的农村信息服务供给模式下，主体的目标不同，信息服务供给的信息种类、质量和规模也会不同。政府主体模式和第三方主体模式下，信息服务供给的目标是更好地服务农民，促进农村经济和社会全面发展。而市场主体模式下，信息服务供给以追求利润最大化为目标。这很容易导致各种供给主体各自为战，出现信息服务的重复供给和部分急需信息的缺失，大大降低农村信息服务的有效供给。

④ 农村信息服务人员的素养不高，数据分析人才匮乏。农村信息服务人员的素养不能满足当前信息生产、分析、传播和应用的需要。农村信息服务质量的高低在很大程度上取决于信息服务人员的素养。当前，我国农村地区从事信息服务的人员的文化水平普遍偏低，这也严重阻碍了农村信息服务的供给质量。尤其是当前农民的个性化需求突出，并且随着时间的推移需求不断发生变化，需要数据分析人员用数据挖掘和分析软件进行预测，而当前农村信息服务部门严重缺乏该类数据分析人才。因此，农村信息服务人员的素养偏低和数据分析人员的缺乏，在很大程度上导致了农村信息服务有效供给的不足。

⑤ 农村地区信息技术水平有了很大进步，但是城乡数字鸿沟仍然存在。互联网时代，传统的信息传播方式已经不能满足农民生产生活的多样化需求。当前的农村信息的产生和传播都离不开信息技术的支撑，而计算机、互联网、移动通信技术等在农村的普及程度还不

够，导致现有的信息无法有效传递给农民，这大大降低了农村信息服务的有效供给。

⑥ 信息服务成本偏高制约了农村信息服务的有效供给。虽然政府主体模式、市场主体模式和第三方主体模式中的主体目标不完全一致，但是降低信息服务成本和追求社会总效益的最大化是互相促进的。政府主体模式下，虽然没有追求直接经济效益最大化，但是资金的投入是有限的，需要控制信息服务成本。而市场主体模式和第三方主体模式下更要考虑收益最大化问题。当前，信息服务成本偏高，导致政府供给模式下信息质量和规模难以得到保证，市场主体和第三方主体同样存在该问题。因此，较高的信息服务成本是影响农村信息服务有效供给的重要因素。

8.1.3 解决对策分析

农村信息服务需求与供给不平衡性主要表现在有效需求不足和有效供给不足，实质是供需矛盾的外在体现。针对上述原因分析，本书提出相应的解决对策。

（1）加强农村信息基础设施建设

随着我国农村信息化的快速推进，农村信息基础设施得到了较大改善，农村信息环境也得到了优化，但是与城市相比，信息鸿沟仍在。因此，政府部门、电信及相关企业应该加大投入，在网络覆盖、硬件配置、平台建设等方面完善升级农村信息基础设施。

（2）丰富农村信息传播渠道

随着信息技术的发展，传统的电视、广播、报纸等信息渠道已经不能满足农民日益丰富和复杂的信息需求。移动互联网和手机端的逐步普及，大大推动和丰富了农民获取信息的渠道。因此，在传统信息传播渠道的基础上，打造综合信息发布平台，采用线上线下结合模式，丰富农村信息的传播渠道。

（3）提升供需双方信息素质能力

一方面，要提升农村信息服务人员的能力。当前，农村信息服务人员的学历和文化水平整体不高，需要通过人才引进和加强教育培训的方式，提升其信息生产能力、信息传播能力、数据分析能力等。另一方面，要提升农民信息素养。农民的文化水平整体较低，信息应用意识差，缺乏信息辨别能力，因此，需要加强对农民的相关培训，提升农民信息综合素养。

（4）优化农村信息服务供给组合

当前，我国农村信息服务供给仍然以政府主体模式为主，企业和第三方均处于从属地位，这是由我国农村信息化发展的道路和信息环境现状决定的。随着城镇化进程的推进和土地流转等政策的执行，市场在资源配置中的决定性作用逐步凸显出来，政府更多的是在市场失灵的状况下发挥调节作用。从长远的角度看，农村信息服务供给也要遵循这一规律，市场通过信息服务价格来调节供需关系，政府除了在政策方面发挥主导作用之外，其他方面要扮演好市场调节者和监督者的角色，第三方作为政府和农民的桥梁，要起到沟通润滑的作用。因此，市场主导、政府监督和第三方辅助是农村信息服务供给的有效模式。

（5）推动农村信息服务模式创新

由于供需矛盾的存在，农村信息服务有效供给和有效需求均不足。因此，当前农村信息服务模式中存在的共性问题就是"供非所需，需无所供"，即农村信息服务的供给并非农民想要的，而农民真正所需的信息缺乏供给。在研究农村信息客观需求、主观需求以及农村信息服务供给的基础上，应构建一种基于数据挖掘的农村精准信息服务模式，在这种模式下充分利用数据挖掘技术，根据农民的信息消费现状，预测未来的信息需求，为农民提供精准的个性化信息服务。

8.2 现有服务模式借鉴与思考

农村信息服务模式是农村信息化发展的重要因素，不但关系到我国乡村振兴战略的实施程度，而且是城乡统筹发展和消除二元化结构的关键。因此，应结合国内农村信息服务模式现状，同时借鉴国外模式，依据农民信息主客观需求，进行农村信息服务模式创新，以期促进农村信息服务中的供需不平衡问题的解决。

8.2.1 现有模式借鉴

（1）国外模式

国外关于农村信息服务的研究最初关注通过何种方式将相关部门研究的最新农业生产技术信息送到农民的手里。随着农村经济水平的不断提升和农村信息基础设施的逐步完善，农村信息传播的重要性被提到更为突出的位置，关于农村信息服务供需问题的研究逐渐由农业信息技术、信息服务类型等转向农民信息的实际需求与采纳意愿、信息传播渠道以及创新型的信息服务模式。通过对近期文献的梳理发现，针对农村信息服务效果不明显、信息服务的供给需求不平衡、信息服务中主体的界定不清晰等问题，许多专家学者从农村信息服务体系和服务模式方面开展了大量的研究。现有的农村信息服务模式主要是从信息传播渠道、信息服务技术应用以及相关利益主体等方面进行的。

一些国家，随着信息技术的不断进步，逐渐形成了具有自身特点的农业农村信息服务体系。例如，美国建立了基于行政区划的三级农村信息服务体系，在政府主导模式下大力实施惠农政策，使农村信息化水平提升迅速。日本比较重视农村信息网络的覆盖，通过建立农产品市场和综合农业市场两大农村网络预测系统，帮助农民经营生产，监测国家整体农产市场，维护公平正义，同时还为农民提供涉农信息服务、信息消费补贴等。印度自上而下建立了一套农村信息服务平台，该平台最大的特征就是公益性，通过信息中心向农民提供市场与气象信息服务。法国重视对农民信息技术的培训，通过建设农业信息网站、成立农业合作社等组织来提升农村信息化水平。德国采用农产品信息化技术、农业遥感技术、农业大数据分析技术等服务农业生产，同时搭建农业图书馆、农村信息服务交易中心等提升农村信息服务质量。澳大利亚构建完善的农业信息网、研发农民信息化智能终端，采用免费服务和有偿服务相结合的方式，为农民提供全方位信息服务，同时为农民信息智能终端提供应用软件服务。

（2）国内模式

通过文献梳理和分析发现，国内学者对农村信息服务模式的研究和探讨主要集中在信息主体、传播渠道和信息技术三个方面。一是根据主导者不同划分的不同的农村信息服务模式。农村信息服务主体主要分为三大类：政府、企业和第三方组织，而农村最主要的信息需求主体是农民。常见的农村信息服务模式就是政府主导、企业市场化运作、第三方补充的模式。二是基于信息传播渠道角度的农村信息服务模式。三是基于信息技术应用的农村信息服务模式。伴随信息技术的不断发展和创新，农村信息服务模式也不断创新，基于不同技术和平台的信息服务系统或解决方案不断涌现，成为农民生产生活决策的重要依据。

8.2.2 现有模式思考

从国内外现有的农村信息服务模式看，政府在农村信息服务供给中处于主导地位，市场和第三方发挥越来越重要的作用。信息技术的发展改变了农村信息供给的时效性和广泛性，各种综合服务平台的应用推进了信息技术在各种模式中的应用。但从整体看，农民的主体地位没有体现出来，参与的积极性未充分发挥，供给仍然以单向推送为主，供需缺乏互动，信息不对等，缺乏长效机制。具体体现在以下方面。

（1）精准信息服务理念匮乏

当前农村信息服务模式虽然复杂多样，但是从服务内容上看良莠不齐，对农民所处的地理环境、经济发展环境以及社会文化环境考虑不够，更是缺乏对农民个性化信息需求以及信息反馈的分析。具体表现在以下方面：

① 缺乏对用户需求的研究。农民作为信息服务的需求主体，分为一般农民、种植大户、养殖大户、农村合作社组织成员、农民技术人员等多样化角色，不同角色对农村信息服务的需求存在较大差异。目前的农村信息服务模式中，针对农民不同需求进行差异化信息服务细分的几乎没有，用户针对性明显不足；对地理环境、经济环境和社会文化环境的重视不足，导致提供的信息对农业生产缺乏实际的指导意义，甚至信息的错误会导致农民的减产减收，逐步失去了农民的信任，大大降低农民的主观信息需求。

② 农村信息服务利用率偏低。由于农村信息基础设施不够完善，互联网普及率与城市相比还有一定差距，海量的涉农信息资源无法顺利送达农民手中，农村信息服务效果不理想。

③ 涉农信息缺乏有效的组织和管理。涉农信息分散在各个部门，比如涉农政府管理部门、农业企业及科研院所等，导致信息缺乏共享、数据挖掘、知识管理等机制，无法实现信息价值的最大化。

④ 信息服务中缺乏互动机制。信息从传统的电视、广播、报纸、杂志到当前的手机、互联网传播，都是进行信息的单向传播，侧重将信息送到农民手中即可。随着农民物质文化生活水平的进一步提高，单向信息传播的方式已经不能满足当前的农民需求，农民需要畅通的渠道，

就信息的实用程度、真实性等进行有效反馈，期待进一步的改进。

（2）需求主体自身素养不足

作为农村信息需求的主体，农民也存在自身的不足，比如自身文化素质偏低、信息意识淡薄、对新事物的接受能力差等，导致农村信息服务效率的下降。

① 农民对自身的信息需求不清晰。由于缺乏明确的需求意识，农民并未完全搞清楚自己需要什么类型的信息，当面临复杂多样的信息服务时，农民无法作出高效正确的选择。

② 农民的信息获取方式和使用习惯不易改变。长期以来，农民获取信息的渠道主要是电视、广播以及亲戚朋友的口头相传，固有的传统信息获取方式，使得农民对互联网等新信息获取方式持谨慎甚至排斥态度，导致一些新技术或重要信息流失乃至失效，大大降低了农村信息服务效率。

（3）农村信息服务成本较高

当前，所有农村信息服务模式都离不开完善的基础设施和先进的信息技术支持，与当前的农村现实条件不匹配，主要体现在以下方面：

① 农村信息基础设施的建设成本居高不下。农村网络基础设施的建设单单靠运营商的投入远远不够，政府部门还应加大投入，解决农村信息基础设施落后的现实问题。

② 农村信息服务系统的运行成本较高。由于农民要接入互联网，就要支付宽带费用及移动互联网的流量费用，该部分成本给农民带来了一定的经济负担。

（4）长效服务运营机制缺乏

基于新公共服务理论，农村信息服务产品属于公共服务产品，在服务运行中政府扮演了主要出资者的角色，但是从长远运行看，这会影响农村信息服务产品的提高和完善，因此，需要改变单一依靠政府投资的模式。

① 农村信息主体间缺乏沟通合作机制。信息服务的提供者或者主导者涉及政府、运营商、相关企业、农业研究机构等，由于各方主体之间没有建立统一的沟通合作机制，很难实现信息服务的统一组织、协同推广，在成本增加和时效性降低的同时，容易导致重复建设。

② 农村信息服务的市场化机制需要进一步探索。农民是农村信息服务最主要的需求主体，而政府、运营商及相关企业是成本的承担者。从长远看，需要探索市场化机制，将在信息服务运营过程中产生的价值剩余贴补给出资者，否则会降低信息供给主体的积极性，影响农村信息服务的运行。

③ 农村信息采集机制不完善。由于农村信息服务的供给还没有形成协同采集与供给机制，这使得农村信息采集、信息服务产品设计以及信息传播很难达到无缝衔接，不但使信息产品的丰富程度大打折扣，也降低了信息服务的通畅度。

8.3 供需均衡的服务模式创新

8.3.1 均衡模式内涵

根据上文的研究结论，农村信息服务的均衡模式实际是一种"供给=需求"的平衡状态，即需求什么就供给什么。农村精准信息服务模式恰好能使农村信息服务达到供需均衡。目前，虽然有关精准信息服务的研究很多，但是并没有一种统一的定义。多数学者认为精准信息是利用数据分析技术对用户画像进行识别，根据用户的不同需求，通过互联网进行个性化传递的一种信息。不难发现精准信息服务离不开数据分析技术和互联网的支持。

本书提出的均衡模式的实质就是一种农村精准信息服务模式，该模式基于数据挖掘技术，为农民提供精准信息服务。在传播方式上，借助互联网和物流网，实现线上线下的混合媒介方式。在信息内容上，强调信息的精准性，不但满足农民的个性化需求，而且体现信息服务供给的有效性。

因此，本书研究的农村信息服务均衡模式，是指信息服务提供方利用数据分析技术，通过分析挖掘农民的信息需求和行为倾向，及时向农民提供精准化、个性化信息服务的过程。其中包含了组织方式、信息内容、传播模式、利益分配以及技术手段等方面内容。

8.3.2　均衡模式构建

通过研究发现，当前国内外的农村信息服务模式虽然呈多样化趋势，但是仍然不能满足农民个性化的需求。从服务提供方视角看，多以自我为中心，考虑"能提供什么"而非"农民需要什么"；从农民需求方视角看，农民对信息的需求客观存在，而且个性化需求越来越明显，同时对信息持更为谨慎的态度；从农村信息传播渠道视角看，运营商提供了基础网络信息平台，在功能上还需要进一步的挖掘和完善；从政府政策方面看，虽然在乡村振兴战略下，农村信息化趋势不可逆转，但是在数字乡村和智慧乡村建设方面还缺乏针对性政策进行路径指导。基于对上述问题的思考，针对农民多样化、个性化信息需求，本书提出一种农村信息服务均衡模式。

基于数据挖掘的农村精准信息服务模式，是指政府、企业及第三方协同合作，利用数据挖掘技术分析农民的个性化需求，并将采集的农业技术信息、农业生产信息、市场信息等，通过线上与线下结合的渠道方式精准传递到农民手中以供农民应用的一种组合方式。首先是相关涉农数据收集，信息处理、加工和分析，以农民需求为导向，预测并向农民提供个性化的农村信息服务。数据的收集与处理是工作的基础，也是难度最大的部分，需要考虑多种来源的不同类型数据。信息加工与分析，主要通过数据挖掘工具，识别并预测农民的不同需求，建立不同的服务类别。信息服务主体向农民提供精准有效的个性化服务，及时获取农民的反馈信息，以便实时调整和优化信息供给类型。农村信息服务均衡模式创新如图8-3所示。

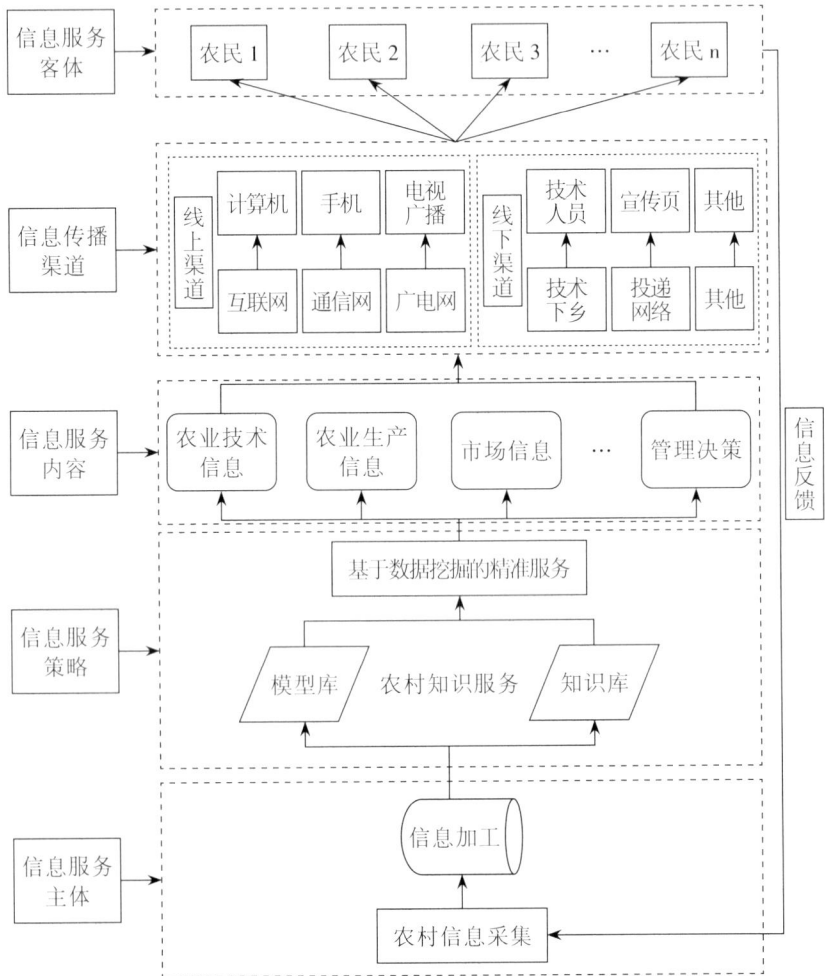

图8-3 农村信息服务均衡模式创新

（1）服务组织模式

根据第7章研究结论，本书构建的农村信息服务均衡模式中采用政府主导、市场主体参与、第三方追随的协同主体组织体系，以农民为信息服务对象的服务组织模式。因此，具体可以分为以下两种模式：协同主体+服务平台+农民、协同主体+服务平台+技术人员+农民。这两种模式受到传播渠道的影响，若选择线上渠道则采用协同主体+服务平台+农民的模式，若选择线下渠道则采用协同主体+服务平台+技术人员+农民的模式。均衡信息服务组织模式如图8-4所示。

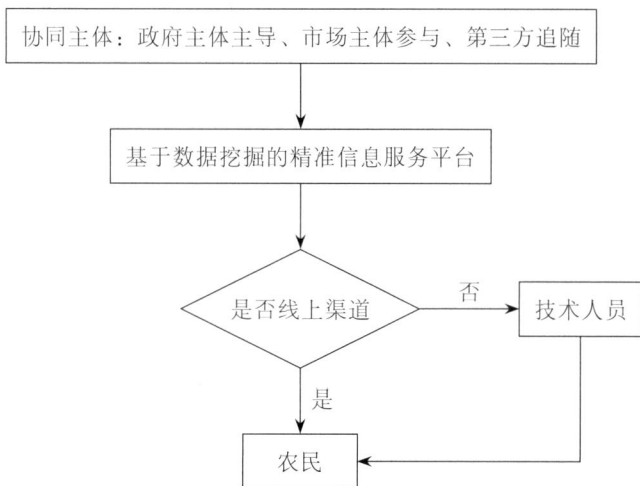

图8-4 均衡信息服务组织模式

① 协同主体+服务平台+农民。该模式在政府、市场和第三方协同下，利用信息服务平台，通过线上的形式将农村信息发送到农民手中。从主体角度看，由于该模式下协同主体中的政府主体依然起主导作用，因此发挥了政府自身的监督职能；市场主体的参与有利于信息服务的市场化运作，推动各方主体利益的最大化；第三方主体的追随有利于服务水平的提升。因此，该组织模式具有较大的影响力和执行

力。同时，服务平台为农民精准信息服务提供了支撑，通过数据挖掘分析出农民的个性化需求，保证了该模式组织的效果。

② 协同主体+服务平台+技术人员+农民。该模式与上述模式类似，具有相同的优势和特征。唯一的区别在于在线下传播渠道有技术人员的参与，技术人员通过线下渠道的选择，保证了信息服务的有效传递。当然，技术人员的素质和能力也会对服务组织模式的效率产生一定影响。

（2）信息服务内容

农村信息服务的内容很关键，是农村信息服务准确、有效的重要依据。本书根据研究需要将农村信息服务内容分为农业技术信息、农业生产信息、农村市场信息以及其他类别信息。其中，农业技术信息主要包括种植、养殖、灌溉、施肥、病虫害防治、农机采用技术等。农业生产信息包括农业信息、林业信息、牧业信息和渔业信息，该类信息还可以进一步细分，农业信息可以细分为不同农作物信息，林业信息可以细分为果树、花卉等相关信息，牧业信息可以细分为各类家畜的养殖信息等，渔业信息可以细分为不同用途鱼的养殖信息。农村市场信息主要包含农产品价格信息、农产品供需信息、生产资料价格信息、生产资料供给信息等。均衡模式的信息服务内容如图8-5所示。

（3）服务传播模式

农村信息服务均衡模式中的信息传播模式直接决定了服务供给主体与农民之间的交流方式，但是信息传播模式并非直接与信息服务供给主体关联，前端的信息收集与加工、信息服务平台是信息供给的基础，其中，信息服务平台中的数据挖掘功能为信息服务的传播模式选择提供了重要依据。

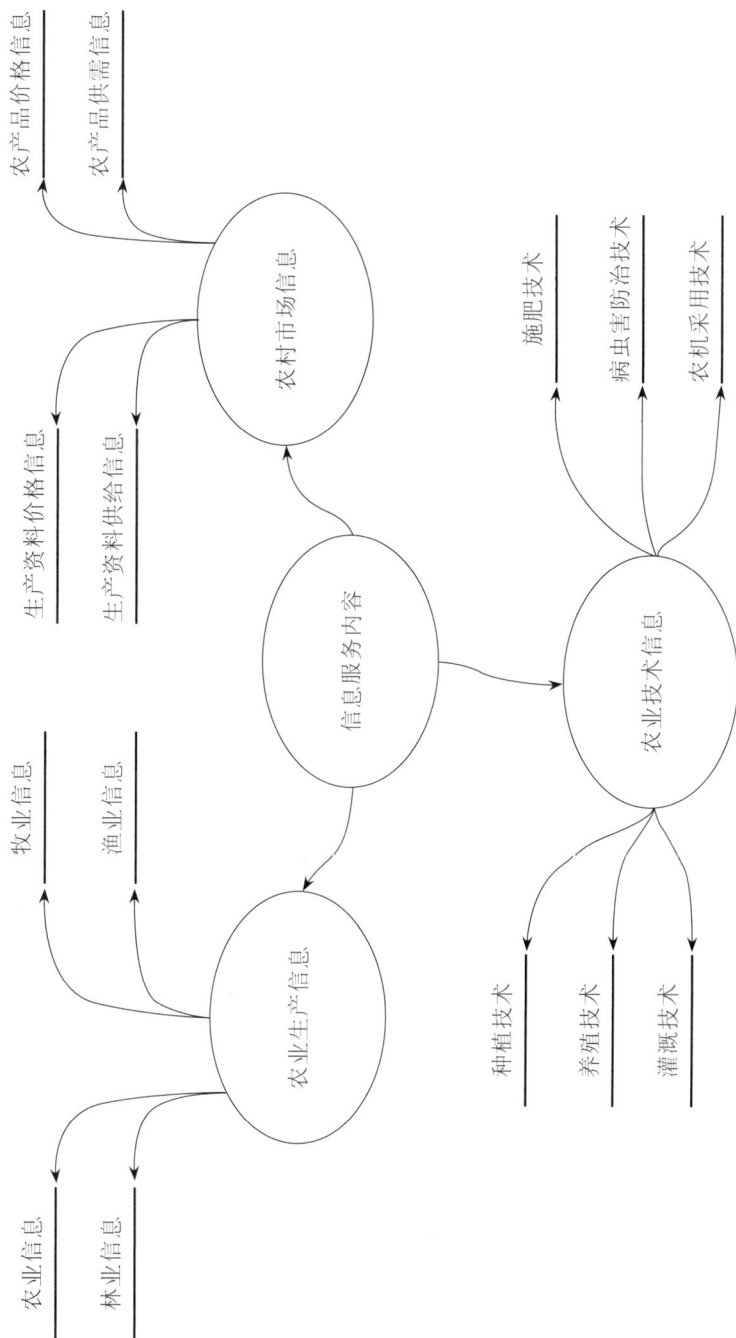

图 8-5 均衡信息服务模式的服务内容

① 考虑农村信息环境差异性的精准推送。由于农村信息环境优劣度不同，信息服务的传播需要考虑区域差异性，有选择性地向不同区域农民推送不同类型的信息，根据上文的研究结果，以 A 县为例的平原、丘陵和山区农民信息需求是不同的，信息服务部门应考虑各地的区域特点，提供有针对性的信息服务。

② 考虑农民个性化需求的精准推送。根据第 5 章的研究结论，年龄、文化水平、从事职业、外出务工经历等对农民信息需求存在显著影响。因此在信息服务推送中要充分考虑上述因素的影响，例如，为不同年龄段的农民群体推送不同的信息服务内容；农村信息服务的形式和质量要考虑农民的文化水平，推送与之相匹配的信息；农民从事职业的二元性使得自身关注的信息存在较大差别，因此信息推送有必要进行区分；外出务工经历增加了农民的阅历和经验，他们对信息的理解和接受方面要远高于其他群体，也要进行有针对性的信息推送。另外，还要考虑农村信息主观需求因素，一方面是农民自身对信息的认知能力，另一方面是农民对信息的主观采纳意愿，推送农民需要的、有能力认知的且愿意采纳的信息内容。

③ 考虑农民信息反馈的动态精准推送。从时间维度看，农民的信息需求受季节性因素影响较为明显，同时随着信息环境的变化，以及农民年龄的增长、阅历的增加等，农民信息需求会不断发生变化。从信息服务应用效果看，农民需要对信息服务的结果以及满意度等情况进行及时反馈。因此，服务主体要根据农民需求情况，适时调整信息服务内容，进行动态的精准推送。

从信息具体的传播渠道看，主要采用线上线下相结合的方式。线上方式主要是依托互联网、通信网和广电网的计算机、手机、电视广播等方式，线下方式主要是依靠技术人员、邮政投递网络等的技术下乡、宣传册邮寄等方式。农村均衡信息服务的信息传播模式如图 8-6 所示。

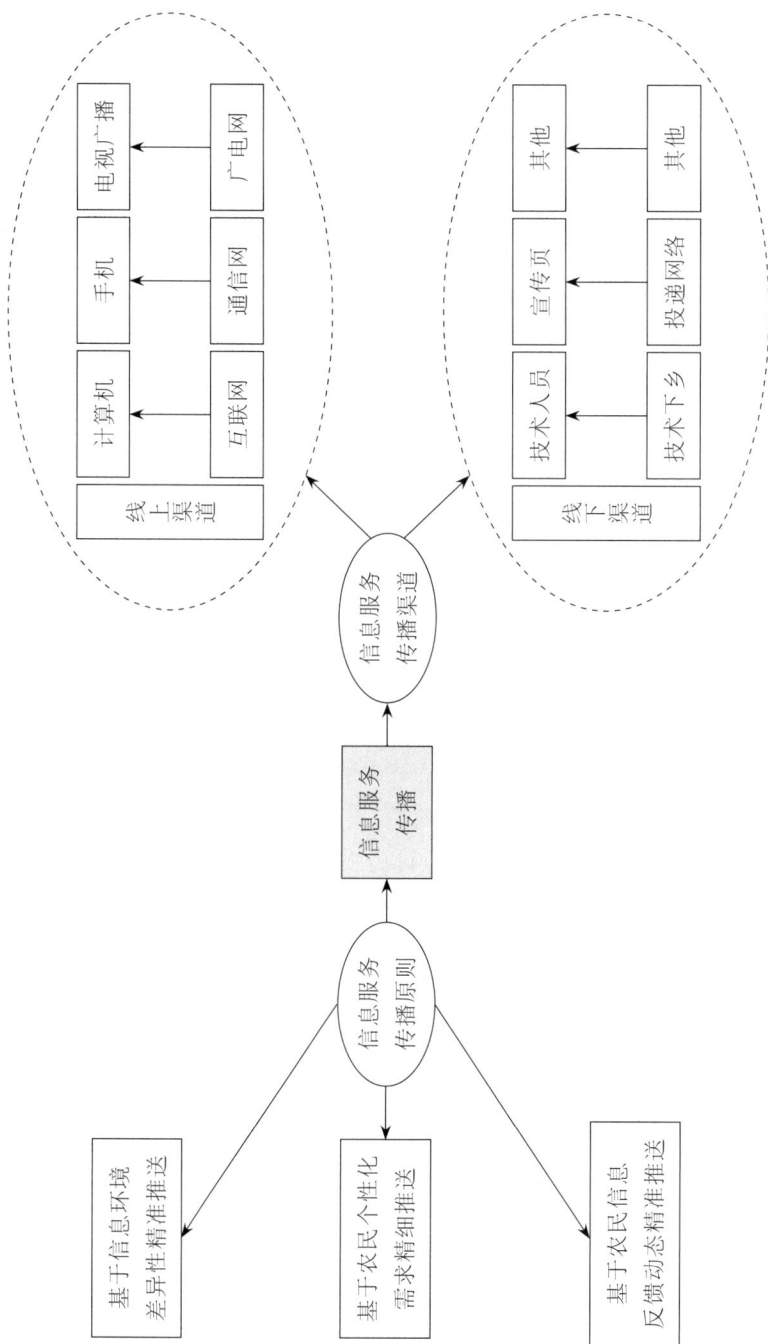

图 8-6 农村均衡信息服务的信息传播模式

（4）利益分配机制

基于第7章中农村信息服务供给分析的结论，本书所构建的农村信息服务均衡模式中供给主体包括政府主体、市场主体和第三方主体，信息服务客体为农民。该模式是一种政府主体主导、市场主体参与、第三方主体追随的市场化运作农村信息服务供给模式。因此，利益的分配主要在各方主体与农民之间展开。

根据第7章研究结论，在集中决策模式下，农村信息服务供应链的总利润高于分散决策模式。集中决策不仅使农民的信息需求量和反馈量增加，还提高了企业的收益，并增强了企业对农村信息服务生产和供给的信心。与分散决策相比，集中决策更有利于提升农村信息服务供应链的经济效益。因此，农村信息服务供应链的协调是必然选择。

通常固定转移支付方法是实现供应链协调的有效手段。在由政府和第三方组成的农村信息服务供应链中，政府是主导者，因此可以设计如下契约：若第三方的利润高于分散决策的利润，政府就会收取固定费用 t，若第三方的利润低于分散决策的利润，政府就会给予固定补助 t，这种设计使得第三方在农村信息服务中获取的利润不变。进行这样的约定，既能保证第三方的参与热情，又可以实现政府主导下利润最大化。通过验证，农村信息服务供应链的协调使得在不影响第三方利益的前提下政府的利润增加了，在有效促进政府主导模式发展的同时，也实现了企业、第三方、农民等各方效益的最大化。

因此，在农村信息服务均衡模式中，通过由政府、企业和第三方组成的供应链的定价与协调来解决主体间利益分配问题。在市场化运作下，为保证各方利益的最大化，通过固定支付成本契约的设计和限定，对农村信息服务供应链进行协调，这也体现了政府、企业和第三方协同供给的重要性。

（5）数据挖掘支撑

从服务模式的效用看，精准性是该模式的最大优势，而数据挖掘算法设计是实现农村信息服务均衡供给的最重要的技术保障。下面从农村数据的采集、数据预处理、算法设计、数据挖掘过程来探讨该模式下的技术支撑保障。

①农民信息需求数据采集及预处理

基于对农民信息需求以及农民对信息接受意愿的研究，进行数据表的设计，具体见表8-1。数据属性主要分为两类：一是农民的基本信息属性，比如姓名、性别、年龄等；二是农民信息需求的类型，比如生活类、生产类、市场类、教育类、娱乐类等。

表8-1 数据收集内容

基本信息					信息类别及意愿度			
					农村技术信息	农业生产信息	市场信息	…	管理决策
ID	姓名	性别	年龄	区域	是否需要	是否需要	是否需要	…	是否需要
1	张	男	41	一类	是	否	否	…	否
2	李	女	53	二类	是	否	是	…	是
3	王	男	30	一类	是	是	是	…	是
4	李	女	34	一类	是	否	否	…	是
5	赵	男	23	二类	是	是	是	…	是
6	张	女	35	二类	是	否	是	…	否
7	郑	男	45	二类	否	是	是	…	是

表8-1表示农民的信息需求的二元表示，一行代表一个农民的信息需求种类，对应一个事务，而一列对应一个项。设 $I = \{i_1, i_2, \cdots, i_d\}$，是农民需求信息中所有项的集合，而

$T = \{ t_1, t_2, \cdots, t_N \}$，是所有事务的集合。每个事务 t_i 包含的项集都是 I 的子集。

信息采集是一项很重要的工作，数据收集完成之后，需要引出关联规则的概念，再通过关联分析构建 FP-tree 算法，对收集到的数据进行数据预处理。

关联规则挖掘的定义如下：对于一个二元数据表，$I = \{ i_1, i_2, \cdots, i_d \}$，是一组项目的集合；$T = \{ t_1, t_2, \cdots, t_N \}$，是所有事务的集合；每个事务 t_i 包含的项集都是 I 的子集。关联规则是指如 $X \rightarrow Y$ 的表达式，X 与 Y 为不相交项集，X 为先导，Y 为后继。在关联规则中，支持度 s 和置信度 c 分别定义如下：

$$s(X \rightarrow Y) = \frac{\sigma(X \cup Y)}{N}，c(X \rightarrow Y) = \frac{\sigma(X \cup Y)}{\sigma(X)}。$$

关联挖掘的关键在于频繁项目集的挖掘，目的是找出所有的频繁项集。目前有很多算法可以提取频繁项目集，这些算法采用两种典型策略：一种是 Apriori 技术，一种是 FP-tree 技术。

FP-tree 是一种前缀树，由频繁项头表和项前缀树构成，按支持度降序排列，支持度越高的频繁项离根节点越近，从而使得更多的频繁项可以共享前缀。FP-growth 算法通过构建 FP-tree（Frequent Pattern tree）来压缩事务数据库中的信息，从而更加有效地产生频繁项集。初始 FP-tree 根节点为 null，没有任何意义。之后对事务型数据库继续进行扫描，创建一个 FP-tree。

②基于 FP-tree 改进算法分析

为了提高基于 FP-tree 的 Apriori 算法的挖掘速度，从进一步缩减扫描数据量的改进方向进行研究。本书通过以下几个方法进行改进和优化：其一，改变算法的分区方法，使用尾元分区的方式进行分区，可以得到数据量更小的子数据集。其二，本书依据 Apriori 算法的性质，动态删减子数据集中小于当前迭代维度数的冗余数据，数据动态缩减使得子数据集的数据进一步得到缩减。其三，通过扫描子数据集进行快速统计，迅速统计候选项集的支持数，并判断此候选项集是否是频繁项集，从而快速挖掘。

初始的 Apriori 算法是一种使用逐层搜索的迭代思想用关联规则来挖掘频繁项集的算法，其具体操作过程主要分为以下三步：①连接生成候选项集；②候选项集剪枝；③支持数统计。

基于 FP-tree 结构具体的改进方法如下：

FP-tree 结构是对数据进行压缩的一种树形数据结构，其中每个节点对应一个项元，每个节点由项元标识、经过该节点的支持数、项元链以及父节点指针 4 个域组成。另外，为了方便对树进行操作，还需要有一个头表（Header Table）来记录项元标识和项元链链头 2 个域。FP-tree 中实线是父节点指针，虚线是项元链（如图 8-7 所示）。

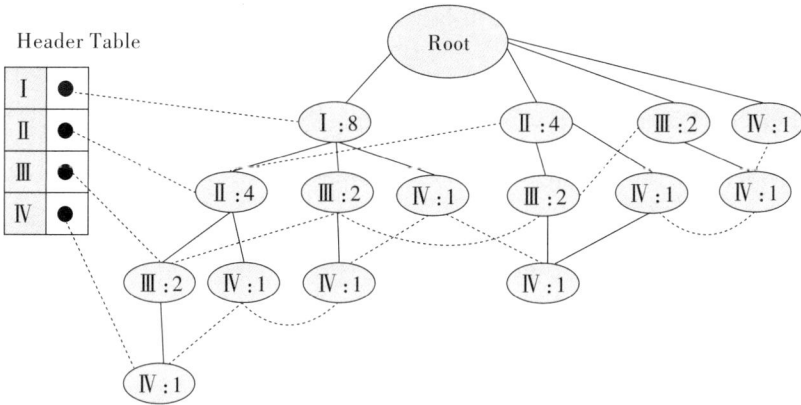

图 8-7　FP-tree 结构示意图

尾元分区：通过候选项集的尾元搜索 FP-tree，将原始数据集划分生成若干子数据集，从而达到缩减数据量的目的。生成的每一个子数据集在内存中仅有一份，生成后无须再度生成。尾元分区的具体过程如图8-8所示。

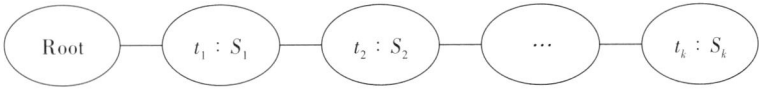

图 8-8 FP-tree 分枝

若候选项集中存在某尾部项元 t_k，则 t_k 的子数据集生成过程如下：找到项元 t_k 在头表（Header Table）中的项元链链头（node-head），通过 node-head 找到在 FP-tree 中项元标识 item-name 为 t_k 的第一个节点 t_{k1}。假设节点 t_{k1} 所在 FP-tree 前缀分枝的普遍形式如图8-8所示，则通过遍历分枝可以得到分枝上所有节点的信息，获取分枝上每个节点的 item-name 汇总成向量表示形式，得到分枝向量的一般表示形式：$k = [t_1, t_2, \cdots, t_k]$。

可得 t_{k1} 分枝向量为 k_1，并记录 t_{k1} 节点的支持数（count）为 S_1。通过 t_{k1} 节点的项元链（node-link）找到下一个位置的 t_k 节点 t_{k2}，并以同样的方式生成 t_{k2} 节点所在分枝的向量 k_2，并记录支持数为 S_2。根据当前节点的 node-link 遍历下一个节点，直至最后一个节点 t_{ki}，可得分枝向量 k_i，支持数 S_i，至此停止遍历。将所有的分枝向量汇总，可得到此项元 t_k 的子数据集：$M_k = \{k_1, k_2, \cdots, k_i\}$。对应的支持数数据集为 $S_k = \{S_1, S_2, \cdots, S_i\}$。其中 S_k 数据集记录了子数据集中的每一条分枝对应的支持数，用于快速支持数统计。

通过尾元分区以及数据动态缩减的方法，数据得到压缩，冗余数据得到删除，从而尽可能提升算法挖掘速度。

本节利用问卷收集处理后的自建数据库，采用原始 Apriori 算法以及基于 FP-tree 改进后的 Apriori 算法分别分析，然后从两方面进行比较：相同条件下两种算法对不同规模数据的运行时间比较；不同容忍度下两种算法的运行时间比较。为减小实验误差，实验结果均为多次实验后取平均值进行比较分析。

不同数据规模下运行时间比较。在保持支持度和集群点数不变的情况下，将数据集划分成六个不同大小的子集，将不同子集分别进行实验查看数据运行所需时间，如图8-9所示。

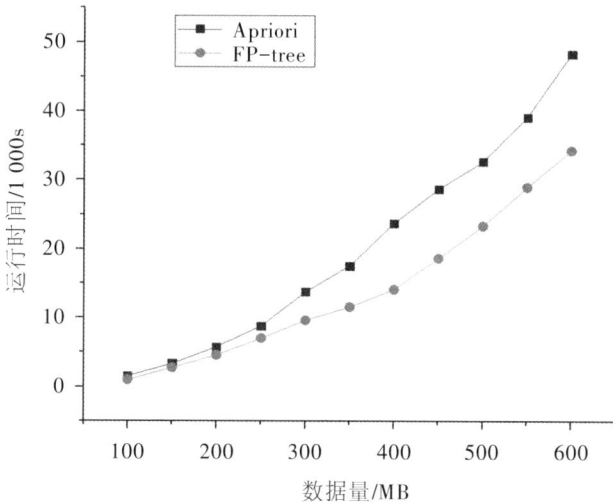

图8-9　不同数据规模下两种算法运行时间比较

从图8-9中可以看出，在数据量较少时，运行时间多耗费在并行后的工作调度上，因此Apriori算法和FP-tree算法运行时间基本相同，没有明显地展示出算法的优势。当数据量逐渐增大时，Apriori算法和FP-tree算法的区别逐步体现出来，FP-tree算法的运行时间远小于Apriori算法。当数据量继续增大时，Apriori算法会先于FP-tree算法产生内存不足等方面的问题，而导致算法运行失败。若内存达到相对数值且保持一定，那么FP-tree算法处理的数据会比Apriori算法高出数倍。因此，实验结果与提出的优点基本一致，表明改进后的算法显著优于原始算法。

不同容忍度下运行时间比较如下：该实验仅改变算法预设的支持度，探讨不同支持度下两种算法运行的效率。使用相同数据规模、同样在分布式环境下执行，集群节点数是3。实验结果如图8-10所示。

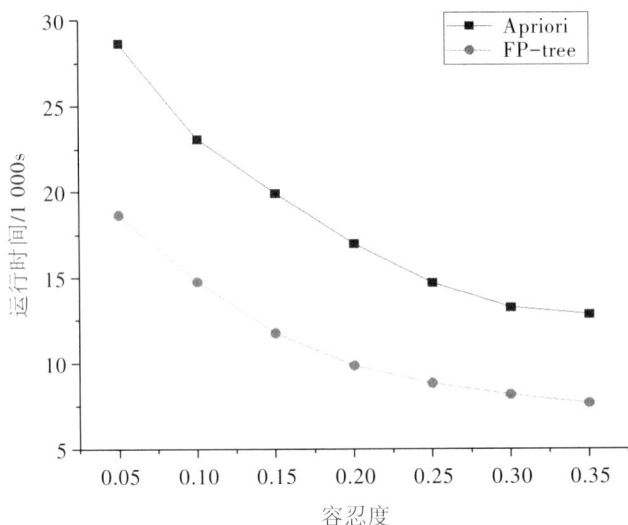

图8-10　不同容忍度下两种算法运行时间比较

从图8-10可以看出，随着最小支持度的增大，算法整体运行时间在不断缩短，但整体缩短趋势逐渐平缓。这是因为最小支持度增大，导致了频繁项集的减少，算法计算时间也相应缩短。整体上来看，在数据集保持固定大小的情况下，不论如何改变算法的容忍度，FP-tree算法的运行时间都将始终小于Apriori算法，同样验证了算法的优越性。

③基于改进算法的农民信息需求挖掘

对于农民需求的信息种类，利用改进的Apriori算法，挖掘不同类型信息之间的关联规则，依据支持度和可信度判定规则的有效性。

根据算法的原理，在所构建的农民信息需求数据集合中数据记录，进行频繁项集的搜寻，表8-2为不同农民所需要的信息类型。

　　　　　　　　　　农民对不同类型信息的需求情况

ID	Items	Frequent Items
1	b，c，a，f，g，h，m，k	f，c，a，m，k，b
2	a，b，f，m，e	f，a，m，b
3	c，f，w，g，k	f，k
4	d，a，b，n，k	a，b，k
5	f，a，d，k，m	f，m，k，a
6	j，a，m，k，e	a，m，k
7	a，f，g，h，k，m，c	a，f，k，m，c

表 8-2 表示用于农民信息需求的事务型数据库。其中，a，b，…，m 分别表示农民需求的信息类型。首先对该事务型数据库进行一次扫描，计算每一行记录中各种信息需求的支持度；之后按照支持度降序排列，仅保留频繁项集，剔除低于支持度阈值的项，本书支持度阈值取为 3，从而得到 < （f：4），（a：4），（b：3），（c：3），（m：3），（k：3） >，第 3 列是排序后的结果。

根据关联规则算法结果中的频繁项集 {f，a，b}，其非空真子集为 {f}，{a}，{b}，{f，a}，{a，b}，{f，b}。于是，获得了 6 条关联规则，并计算出了相应的置信度和支持度。具体规则见表 8-3，其中 1/4/6 分别代表相应的频繁项集。

表 8-3　　　　　　　　　　信息种类间关联规则

规则	置信度	支持度
1→4∧6	2/5=40%（ {1，4，6} 频度/ {1} 频度）	2/7×100%=29%
4→1∧6	3/5=60%（ {1，4，6} 频度/ {4} 频度）	3/7×100%=43%
6→1∧4	4/5=80%（ {1，4，6} 频度/ {6} 频度）	4/7×100%=57%
1∧4 →6	3/4=75%（ {1，4，6} 频度/ {1，4} 频度）	3/7×100%=43%
1∧6 →4	3/4=75%（ {1，4，6} 频度/ {1，6} 频度）	3/7×100%=43%
4∧6 →1	3/4=75%（ {1，4，6} 频度/ {4，6} 频度）	3/7×100%=43%

因此，利用基于FP-tree改进的Apriori算法，基于构建的农村信息需求数据库进行关联规则挖掘，可以有效挖掘出不同种类信息之间的关联性，根据置信度和支持度决定是否采用该规则，同时依据当前农民所需信息种类预测其未来可能需要的信息种类，实现了以数据挖掘结果为依据的精准信息服务。

④结果分析

通过基于FP-tree改进的Apriori算法，建立了农民个性化信息需求数据挖掘模型。根据农民对信息的实际需求状况，利用关联规则分析法，找出了所有涉农信息类别间的关联关系，建立了基于置信度的关联规则。

上述规则的建立，为农村信息服务均衡模式的创新提供了技术支持，大大提高了农民信息需求的精准度，能够真正实现根据区域信息环境、按农民需要进行信息服务供给。同时考虑到原始关联规则算法的时间复杂度偏高，可能导致大数据量情况下，数据挖掘效率的下降，本书对原始Apriori进行了优化和改进，有效避免了这一问题。

8.3.3　模式实现路径

基于对农村信息服务主客观需求侧的分析，以及行动主体视角下供给侧的研究，发现需求是解决供需不均衡问题的出发点和依据，大数据、云计算、移动互联网等信息技术的发展为农村精准信息服务模式的实现提供了技术保障，本节从组织管理和机制机理的视角探讨农村信息服务均衡模式的实现路径。

（1）树立数据驱动理念

农村信息服务人员要逐步建立数据思维，树立大数据驱动的农村信息服务供给理念，包括需求引导的精准供给理念、各方主体协同合作的供给理念、激励农民主动进行信息反馈的供给理念等。

①需求引导的精准供给理念

政府部门应该改变原来的根据决策者意愿进行信息服务供给的传统理念，利用大数据分析技术，建立需求引导的精准信息服务供给理念。农村信息服务供给部门应该注重农民需求信息种类的收集。首先，要建立农民信息需求数据库，利用大数据分析技术，挖掘农民的潜在需求，有针对性地提供农民所需信息服务。其次，要树立数据库动态更新理念，根据农民信息需求的变化情况，对农民信息需求数据进行实时更新。

②各方主体协同合作的供给理念

政府部门要树立协同合作的理念，制定更加完善和有效的政策，倡导和鼓励社会企业以及第三方组织积极投入农村信息服务供给中，让市场在农村信息服务供给的资源配置中发挥更大作用，以促进农村信息服务供给的有效、健康、合理发展。

③树立以农民需求为中心理念，鼓励农民进行信息反馈

在农村信息服务供给中，要树立以农民需求为中心的理念，鼓励农民主动进行信息反馈。依靠大数据技术，建立专门的农民信息反馈渠道，对农民反馈信息进行深入挖掘，作为农村信息服务调整和改进的依据。

（2）构建需求表达机制

①利用大数据进行农村信息需求的调查

农村信息服务需求是供给的风向标，只有做好农村信息服务需求调查，才能提升信息服务供给的精准性和有效性。因此，除了使用传统的问卷调查和实地调查等方法，可以借助网络爬虫等数据获取和搜集技术，进行农民信息需求数据的收集。

②建立农民信息应用的反馈机制

完善的农村信息服务供给是一个闭环流程。供给的完成并不等于

流程的结束，需要建立专门的信息应用反馈通道，以便农民将信息应用的结果，包括信息的质量和有效性，反馈给信息服务部门。反馈机制不能单独存在，需要建立相应的激励机制，以保证农民能积极主动地将信息应用结果进行有效反馈。信息服务部门根据农民的反馈，有针对性地调整信息服务。

（3）建立信息服务平台

农村信息化大大推动了农村经济的发展，农民收获了信息化带来的红利，因此，农村信息服务需求逐步增强，而农村信息基础设施的落后，阻碍了信息服务有效供给的实现。通过前期对 A 县农村信息服务部门的调查，发现当前农村信息服务部门的信息技术应用仍然比较落后，数据库、数据分析、数据搜集等技术应用比例远低于预期。因此，加大农村信息基础设施的投入，提升信息供给效率是信息服务部门的必然选择。

以数据搜集、数据处理、数据分析、数据挖掘为目的的农村信息服务大数据分析平台，能够为农村信息服务供给提供更加科学有效的技术支撑。一方面，大数据分析平台可以大大减少信息服务供给的劳动力成本。另一方面，大数据分析平台能够根据农民的历史需求数据精准预测出其潜在需求。因此农村信息服务的大数据分析平台能够很好提升信息服务供给和需求的有效性。

（4）加大人才引进力度

高素质信息人才是农村信息服务供给的第一资源，是促进农村信息供需平衡的第一要素，农村信息服务的创新离不开人才。由于农村信息服务人员的学历偏低、整体文化素质不高，即便构建了大数据分析平台，也不能正常应用和维护，无法发挥出大数据技术应有的作用。因此，当前农村信息人才的缺乏是制约农村信息化的一个很重要的因素。

农村信息人才的引进可以通过两种方式。一是外部人才的直接引进。农村信息服务部门可以通过引进高素质高学历的高校毕业生，充实到农村信息服务人员的队伍中。二是内部人员的挖掘和培养。从信息服务部门内部选拔人员，通过培训和进修的方式，提升信息素质和能力。直接引进的方式优点在于适应周期短，即插即用，缺点在于农村的地区劣势和人才引进政策对高学历人才吸引力不足。内部培养的优势在于熟悉环境，培训目标明确，针对性强，不足之处在于培训和进修都需要一定的周期。

（5）丰富信息供给来源

当前农村信息服务供给的信息来源主要是电视、广播和图书，而互联网获取信息的比例较低，缺乏大数据分析技术的支撑以及相应的信息人才，导致无法获取更多的相关信息，同时获取信息的真实性难以辨别和判断。

利用大数据技术，一是可以爬取更多的互联网信息，并且通过技术手段甄别信息的真伪。二是可以将分散在不同政府网络中的信息加以整合，避免了分散信息获取困难的问题，同时整合后的信息增加了自身效用。

（6）建立主体协同机制

在当前农村信息服务供给中，政府主体占据着绝对主导地位，但未来更需要发挥市场在资源配置中的决定性作用。因此需要鼓励和倡导社会企业、第三方组织等参与到农村信息服务供给中来，构建政府、企业和第三方协同供给机制。

三方主体协同下，更容易发挥各方优势，同时避免各自的不足。协同机制下政府依然处于主导地位，了解了企业和第三方的状况，更容易制定出切合农民实际需求的政策。企业在市场驱动下，追求利润最大化是其最终目标，为此企业掌握的高端的大数据人才和先进的大数据技术，在政府的支持下更能发挥自身的优势。第三方作为政府和企业的补充，更接近需求方，容易获取农民的真实需求，很好弥补了单一主体模式的不足。

总之，构建政府、企业和第三方协同供给机制，能够充分发挥三方优势，弥补各方不足，将极大提升农村信息服务的供给效率。

8.4　本章小结

本章主要依据前文的研究结果，对农村信息服务进行均衡分析，提出一种基于数据挖掘的农村信息服务均衡模式，得到了如下结论：

（1）构建农村信息服务均衡分析模型，分析农村信息服务供需失衡的成因和解决对策。在分析国内外现有农村信息服务模式的基础上，找出我国农村信息服务中存在的问题，主要包括农村信息服务缺乏针对性、农民自身的不足、农村信息服务成本偏高以及缺乏农村信息服务的长效机制等。该部分既是对农村信息服务供给现状的补充和延续性研究，同时还是对第7章农村信息服务供给侧分析结论的扩展和应用。

（2）根据上文中农村信息主客观需求分析，从服务组织模式、服务内容、服务传播模式、利益分配机制和技术支撑保障等方面提出基于数据挖掘且带有反馈机制的农村信息服务均衡模式，利用数据挖掘的方法，预测不同农民的需求，根据不同的需求进行信息的差异化供给。同时农民在收到信息时，可以进行意见反馈，实现信息双向流动，信息提供方可以动态调整信息服务的种类和方式。通过精准的信息服务模式，充分发挥农村数据的价值，实现信息的有效利用。该部分是对第5章、第6章农村信息服务需求侧分析和第7章农村信息服务供给侧分析中结论的综合应用。

（3）在供给理念、需求表达、服务平台、人才引进、信息来源及协同机制等方面提出基于数据挖掘的农村信息服务均衡模式的实现路径。该部分是对第4章农村信息服务问题、第7章农村信息服务供给侧分析的呼应和结论。

9

结论与展望

9.1 研究结论

本书在供给侧和需求侧对农村信息服务供给和需求特性进行分析，对中国农村信息供需不均衡问题有了更为准确的认知和把握；同时分别从客观和主观视角对农村信息服务需求侧进行分析研究，进一步明确了影响农村信息需求的因素；从行动主体视角利用构建的斯坦伯格博弈模型分析各信息服务供给主体与农民间的利益分配关系；根据建立的农村信息供需均衡分析模型，探讨农村信息服务供需失衡的成因和对策，在借鉴国内外农村信息服务模式基础上，提出基于数据挖掘技术的农村信息服务均衡模式。为改善农村信息供需矛盾提供依据和参考。具体研究结论如下：

（1）农村信息服务需求侧分析（客观视角）的研究结论

从客观视角对农村信息服务需求侧进行分析，以 A 县为例对农村信息需求影响因素进行了深入研究。本部分根据相关因素携带信息的情况，来确定是否遴选为影响因素，通过偏相关系数法，解决了首次选取影响因素中冗余信息过高的问题，同时避免对影响较大因素的误删；构建了农村信息需求与影响因素之间的 Probit 模型，对各因素进行显著水平检验；构造的 ROC 曲线下面积显著区分了各因素影响力度的大小，进一步确保了各影响因素的显著性。从方法论的角度为相关问题的研究提供了依据。通过本部分研究发现：

① 根据偏相关系数，删除的信息高度相关因素分别为：每千人有线电视数量、每千人大学生数量、每万人互联网用户数量、个人收入、与县级公路距离。证明上述因素与其他因素所含信息重复度较高，不作为农村信息需求主要考虑的影响因素。

② 通过构建的 Probit 回归分析模型的检验，发现固话覆盖行政村

比重、性别、婚姻状况、健康状况、家庭成员数量、家庭男成员数量、家庭女成员数量、家庭幸福指数8个因素对农村信息需求影响不明显。而Lwoga（2020）发现影响农民信息需求的个人因素中最重要的是性别、家庭成员和家庭地位等，与本书结论并不一致，反映出信息主体的社会文化背景不同带来的差异。

③ 构建农村信息客观需求影响因素的感受模型曲线，根据ROC曲线下面积进行二次的鉴别，发现农村信息需求的最重要的24个影响因素。这一结论与上文中农村信息环境中的客观与主体评价指标相一致。同时与Folitse（2018）发现农民信息需求受信息能力、信息基础设施以及获取渠道等因素影响的结论是一致的。

（2）农村信息服务需求侧分析（主观视角）的研究结论

本书从主观视角基于农民需求感知对农村信息服务需求侧进行了深入研究。首先构建了基于技术接受理论、计划行为理论、创新扩散理论、信任度理论和成就目标定向理论的农村信息主观需求分析模型，提出了各变量与农村信息主观需求相关关系的假设；根据假设进行了预调研的题项设计，借助预调研数据，利用SPSS相关工具进行了信度和效度的分析检验；利用结构方程模型，对提出的假设进行了显著性检验，得出影响农村信息主观需求的因素。本部分的理论贡献在于从更多相关理论中演化出相关变量，引入到农村信息主观需求分析模型，是对现有农村信息技术采纳模型的一种完善和创新，通过假设来验证来自不同理论的变量组之间存在复合交互作用，是对Adnan（2019）研究的拓展。通过研究发现：

① 表现期望、努力期望和价格价值对农村信息主观需求产生积极影响。表现期望与农村信息主观需求存在正相关关系，说明农民在信息接受过程中获得利益的大小，直接影响着其对信息的接受程度。努力期望与农村信息主观需求之间存在正相关关系，表明若农民存在

为达成目标的努力行为或者主观意识，则产生主观需求，即便是较少的努力或意识。价格价值对农村信息主观需求具有显著影响，农民在信息接受过程中感知价值越高且需支付的成本越低，农民主观需求意愿度就越高，与Jayashankar（2018）得出的农民的信息信任与感知价值呈正相关关系的结论是一致的，同时与王小宁（2011）得出的农民信息服务采纳意愿与感知成本因素不相关的结论相悖，说明农民的信息意识在发生变化。

②社会影响、便利条件、享受动机和个人习惯未被发现与农村信息主观需求存在显著相关关系。当前研究中的农民处在集体主义文化氛围当中，预计社会影响会对其信息主观需求产生积极影响，但是本书研究结论并不支持，说明农民不会因其他人存在某种信息服务需求，而自己也产生需求，与Nabhani（2016）研究得出的农民采纳意愿受社会影响显著的结论相悖，说明样本地理位置不同会产生不同结果。便利条件的促进效果也与常规的认知不同，当存在便利条件以帮助农民接受信息时，这并没有激发他们的采纳意愿，与Schaak（2018）发现感知易用性与农民采纳意愿存在相关关系的结论不一致，与信息内容和样本背景相关。享受动机对农民信息主观需求影响的低相关性表明农民并不倾向于通过采纳信息服务来达到享受目的。个人习惯的低重要性说明农民尚未形成通过采纳信息服务来获取数据的习惯。

③年龄和经验通过技术接受理论变量和附加变量对农村信息主观需求间接产生作用。年龄因素通过表现期望、努力期望、社会影响、享受动机、价格价值对农村信息主观需求产生显著影响。经验则通过表现期望、社会影响、便利条件、价格价值和个人习惯对农村信息主观需求产生显著影响。与Beza（2018）在研究农民采纳短信获取知识意愿的结论具有一致性。研究还表明有经验的农民与没经验的农民相比，表现期望、社会影响、便利条件、价格价值和个人习惯更

加重要。

④ 附加变量中的个人创新性、信任度与农村信息主观需求均有正相关关系，而目标定向与农村信息主观需求的相关关系不显著。个人创新性表明农民有创新意识，希望通过创新来提高农产品产量和个人收入，渴望通过获取相关信息来提升自身的创新能力，对信息有较为强烈的主观需求意愿。信任度是影响农村信息主观需求的最重要的因素，表明农村信息服务模式是否可行有效，关键在于能否与农民建立高度的信任关系。与马凌等（2015）研究中发现农村信息主观需求意愿与信任度高度相关的结论相符。

（3）农村信息服务供给侧分析（行动主体视角）的相关研究结论

农村信息服务有效需求不足和有效供给不足，是导致农村信息服务供需不平衡的根本原因。农村信息服务供给主体的地位决定了农村信息服务供给的质量、数量以及获取的利润情况。为解决当前政府主体模式下供给效率低下的问题，作出充分发挥市场机制在农村信息服务供给中的作用和政府主导、第三方追随的假设，构建农村信息服务供给博弈模型，通过各方利润最大化的博弈，分析提升供应链整体利润的影响因素。通过研究发现：

① 农村信息服务需求与供给之间的不平衡性，是由影响供需双方的多种因素共同作用的结果，从影响农民信息需求的因素和影响服务供给的因素两方面分析，农村信息服务需求与供给不平衡的原因可以归结为农村信息服务有效需求不足和有效供给不足。

② 农村信息服务供应链系统中的各项参数对第三方信息服务努力水平有较大影响，而对农村信息服务供给价格和农民信息反馈价格的影响相对较小。主要原因是政府在供应链中处于主导地位，对农村信息服务供给价格和农民信息反馈价格具有决策权。

③ 各项参数的变化对政府的决策有重要影响，同时也会作用于

农村信息服务供给价格和农民信息反馈价格。农村信息服务供给价格和农民信息反馈价格之间也存在互相影响、相互制约的关系。第三方决定了农村信息服务努力水平，各项参数通过第三方体现对农村信息服务努力水平的影响，而且影响较为显著。

（4）完善农村信息服务的对策及建议（供需均衡视角）的研究结论

建立农村信息服务供需均衡分析模型，探讨农村信息服务供需失衡的原因和对策。考虑农村信息环境的优劣差异，结合农村信息服务有效需求与有效供给不足的现状，找出当前我国农村信息服务供给模式中存在的突出问题，其中最核心的问题是信息服务供给缺乏针对性，与樊振佳等（2019）的研究中提出的问题相一致。借鉴和参考国内外农村信息服务模式的经验，本书尝试从供需均衡的视角进行服务模式创新，基于农民个性化与多样化的信息需求，引入数据挖掘算法的思想，从技术实施层面提出了一种基于改进关联规则且带有反馈机制的农村精准信息服务模式。针对原始Apriori算法效率偏低的问题，提出了基于FP-tree改进的Apriori算法，并通过仿真实验证明算法的优越性。利用该算法对农村信息服务需求数据进行关联规则挖掘，挖掘结果表明，该方法不但降低挖掘的时间复杂度，而且验证农村信息服务需求关联规则的精准性，进一步证明提出模式的有效性。

9.2 研究不足与展望

本书通过农村信息服务供给侧和需求侧分析，对当前农村信息服务的问题进行研判，同时对农村信息服务的客观和主观需求进行实证研究，并深入分析农村信息服务供给，建立农村信息服务的均衡模型，提出农村信息服务的均衡模式，取得了一定阶段性成果，但是本书的研究也存在一些局限和不足，还有广泛的研究空间，主要体现在以下方面：

（1）不论是在需求侧对农村信息服务的主客观影响因素进行分析，还是在供给侧对农村信息服务的供给影响因素进行分析，相关影响因素都不是一成不变的。信息技术快速发展，农村信息服务供需问题的解决势必加速，同时会伴随新问题的产生，农村信息服务供需的影响因素也会发生改变，因此在未来的研究中要根据社会环境的变化进行适时调整。

（2）农村信息服务主观需求的研究中，调节变量选取的是年龄和经验两个因素，然而其他的主体特征，比如性别，是否对研究结果存在影响，需要在未来的研究中进一步去验证。此外，技术接受理论因素的影响可能因区域差异而不同，包括国内的区域差异、不同国家的差异等，可以通过对不同地区、不同文化背景的需求主体一起研究来评估模型的有效性，这在理论和实践上将会更加有意义。

参考文献

[1] ABEBE A, MAMMO CHERINET Y. Factors affecting the use of information and communication technologies for cereal marketing in Ethiopia [J]. Journal of Agricultural & Food Information, 2019, 20 (1): 59-70.

[2] ADAMIDES G, STYLIANOU A. Evaluation of the radio as an agricultural information source in rural areas [J]. Journal of Agricultural & Food Information, 2018, 19 (4): 362-376.

[3] ADNAN N, NORDIN S M, BAHRUDDIN M A, et al. A state-of-the-art review on facilitating sustainable agriculture through green fertiliser technology adoption: assessing farmers' behavior [J]. Trends in Food Science & Technology, 2019, 86: 439-452.

[4] BEZA E, REIDSMA P, POORTVLIET P M, et al. Exploring farmers' intentions to adopt mobile Short Message Service (SMS) for citizen science in agriculture [J]. Computers and Electronics in Agriculture, 2018, 151 (1): 295-310.

[5] BLAGA O M, CHERECHEȘ R M, BABA C O. A community-based intervention for increasing access to health information in rural settings [J]. Transylvanian Review of Administrative Sciences, 2019, 15 (58): 24-37.

[6]　CHEN Y, LU Y. Factors influencing the information needs and information access channels of farmers: an empirical study in Guangdong, China [J]. Journal of Information Science, 2019, 46 (1): 3-22.

[7]　DIRIMANOVA V. The role of the extension services for the development of the small - scale farms in Bulgaria [J]. Bulgarian Journal of Agricultural Science, 2018, 24 (1): 35-39.

[8]　FOLITSE B Y, SAM J, DZANDU L P, et al. Poultry farmers' information needs and sources in selected rural communities in the Greater Accra Region, Ghana [J]. International Information & Library Review, 2018, 50 (1): 1-12.

[9]　IONEL B S. The access to the communications infrastructure and information technology in the Romanian rural space-regulation, intracommunity gaps and recent evolutions [J]. Agricultural Management, 2018, 20 (2): 36-45.

[10]　JAVAID U. Role of mass media in promoting agricultural information among farmers of district Nankana [J]. Pakistan Journal of Agricultural Sciences, 2017, 54 (3): 711-715.

[11]　JAYASHANKAR P, NILAKANTA S, JOHNSTON W J, et al. IoT adoption in agriculture: the role of trust, perceived value and risk [J]. Journal of Business & Industrial Marketing, 2018, 33 (6): 804-821.

[12]　KOSEC K, WANTCHEKON L. Can information improve rural governance and service delivery? [J]. World Development, 2020, 125: 104376.

[13]　KRONE M, DANNENBERG P. A spatial perspective on access to knowledge and mobile phone use [J]. Tijdschrift voor Economische en Sociale Geografie, 2018, 109 (5): 613-628.

[14]　KUKAR M, VRAČAR P, KOŠIR D, et al. AgroDSS: a decision support system for agriculture and farming [J]. Computers and Electronics in Agriculture, 2019, 161 (1): 260-271.

[15] LAI C H, CHIB A, LING R. Digital disparities and vulnerability: mobile phone use, information behaviour, and disaster preparedness in Southeast Asia [J]. Disasters, 2018, 42 (4): 734-760.

[16] LATIF Z, WANG Lei, PATHAN Z H, et al. Factors affecting diffusion and adoption of information and communication technology among rural users in Khyber Pakhtunkhwa Province, Pakistan [J]. International Journal of Information Technology and Management, 2018, 17 (4): 349-370.

[17] LWOGA E T, CHIGONA W. Telecenters and the expansion of human capabilities among rural women [J]. Global Knowledge, Memory and Communication, 2020, 60 (1): 1-20.

[18] MARTZOUKOU K, BURNETT S. Exploring the everyday life information needs and the socio-cultural adaptation barriers of Syrian refugees in Scotland [J]. The Journal of Documentation, 2018, 74 (5): 1104-1132.

[19] MAVHUNDUSE F, HOLMNER M. Utilisation of mobile phones in accessing agricultural information by smallholder farmers in Dzindi Irrigation Scheme in South Africa [J]. African Journal of Library, Archives & Information Science, 2019, 29 (1): 93-101.

[20] MEHRA B, BISHOP B W, PARTEE R P. Small business perspectives on the role of rural libraries in economic development [J]. The Library Quarterly, 2017, 87 (1): 17-35.

[21] MSOFFE G, NGULUBE P. Farmers' access to poultry management information in selected rural areas of Tanzania [J]. Library & Information Science Research, 2016, 38 (3): 265-271.

[22] MUANGPRATHUB J, BOONNAM N, KAJORNKASIRAT S, et al. IoT and agriculture data analysis for smart farm [J]. Computers and Electronics in Agriculture, 2019, 156 (1): 467-474.

[23] MWANTIMWA K. Use of mobile phones in boosting socioeconomic

information access and utilisation among Tanzania rural communities [J].
African Journal of Library, Archives & Information Science, 2018, 28 (1):
107-122.

[24] NABHANI I, DARYANTO A, RIFIN A. Mobile broadband for the farmers:
a case study of technology adoption by cocoa farmers in Southern East Java,
Indonesia [J]. AGRIS on-line Papers in Economics and Informatics, 2016,
8 (2): 111-120.

[25] OMELUZOR S U, OYOVWE-TINUOYE G O, EMEKA-UKWU U. An
assessment of rural libraries and information services for rural development
[J]. The Electronic Library, 2017, 35 (3): 445-471.

[26] OTURAKCI M. New technology acceptance model based on innovation
characteristics with AHP - TOPSIS approach [J]. International Journal of
Innovation and Technology Management (IJITM), 2019, 16 (7): 1-11.

[27] RAY A, BALA P K, DASGUPTA S A, et al. Factors influencing adoption
of e-services in rural India – perspectives of consumers and service providers
[J]. Journal of Indian Business Research, 2019, 68 (1): 1-16.

[28] SCHAAK H, MUßHOFF O. Understanding the adoption of grazing practices
in German dairy farming [J]. Agricultural Systems, 2018, 165: 230-239.

[29] VENKATESH V, BALA H. Technology acceptance model 3 and a research
agenda on interventions [J]. Decision Sciences, 2008, 39 (2): 273-315.

[30] VENKATESH V, DAVIS F D. A theoretical extension of the technology
acceptance model: four longitudinal field studies [J]. Management Science,
2000, 46 (2): 186-204.

[31] VERMA P, SINHA N. Technology acceptance model revisited for mobile
based agricultural extension services in India [J]. Management Research &
Practice, 2016, 8 (4): 29-38.

[32] YASEEN M, AHMAD M M, SONI P. Farm households' simultaneous use of

sources to access information on cotton crop production［J］. Journal of Agricultural & Food Information，2018，19（2）：149-161.

［33］ 陈浩天. 认知差异、信息分化与国家扶贫政策清单执行绩效——基于全国20省（区、市）3 513个贫困农户的调查［J］. 东南学术，2017（6）：87-93.

［34］ 陈浩天. 精准扶贫政策清单的数字化传播与信息共享架构［J］. 湖南师范大学社会科学学报，2018，47（6）：148-155.

［35］ 樊振佳，程乐天. 面向农村创业的信息服务体系：政策分析和田野调查［J］. 中国图书馆学报，2017，43（3）：87-103.

［36］ 冯献，李瑾. 基于受众视角的中国农村地区信息传播能力评价研究——以京津冀鲁为例［J］. 图书馆，2019（8）：13-22.

［37］ 龚立群. 农民信息服务采纳行为实证研究［J］. 图书馆，2017（2）：39-42；60.

［38］ 郭蕾，余波，张妍妍，等. 精准扶贫中的信息需求及其服务策略［J］. 图书馆论坛，2018，38（4）：39-48.

［39］ 郭美荣，李瑾，冯献. 基于"互联网+"的城乡一体化发展模式探究［J］. 中国软科学，2017（9）：10-17.

［40］ 何学松，孔荣. 互联网使用、市场意识与农民收入——来自陕西908户农户调查的经验证据［J］. 干旱区资源与环境，2019，33（4）：55-60.

［41］ 贺倩，王小宁. 基于移动互联网的农民精准信息服务付费意愿研究［J］. 西安石油大学学报（社会科学版），2023，32（5）：73-79.

［42］ 胡瑞法，王润，孙艺夺，等. 农业社会化技术服务与农户技术信息来源——基于7省2 293个农户的调查［J］. 科技管理研究，2019，39（22）：99-105.

［43］ 蒋璐闻，梅燕. 典型发达国家智慧农业发展模式对我国的启示［J］. 经济体制改革，2018（5）：158-164.

［44］ 井水. 新疆少数民族农村青年社会融合信息需求实证研究［J］. 图书馆

论坛，2016，36（10）：49-57.

[45] 刘威. 不同信息需求对农户互联网采纳行为影响效应的实证分析 [J]. 农林经济管理学报，2016，15（6）：662-667.

[46] 刘学武，朱立芸，王旭东. 农村信息化与经济发展主要指标灰色关联研究——以西北四省为例 [J]. 农村经济，2017（9）：76-81.

[47] 陆俊. 政府公共信息服务供给机制研究 [J]. 图书馆，2018（5）：44-48；92.

[48] 马凌，许建雷，潘泉宏. 基于三网融合的农村信息服务消费者意愿研究——以重庆农村为例 [J]. 情报科学，2015，33（2）：109-114.

[49] 毛薇，王贤. 数字乡村建设背景下的农村信息服务模式及策略研究 [J]. 情报科学，2019，37（11）：116-120.

[50] 盛智颖，王冰. 家庭农场农业信息需求及支付意愿分析 [J]. 湖南农业大学学报（社会科学版），2017，18（1）：23-30.

[51] 童洪志，刘伟. 政策选择对农户保护性耕作技术采纳行为的动态影响分析 [J]. 科技管理研究，2018，38（18）：26-35.

[52] 汪汉清，樊振佳. 我国涉农信息服务政策核心话语演变分析：以1980年以来中央"一号文件"为例 [J]. 图书情报工作，2019，63（8）：96-106.

[53] 王韧，王弘轩. 基于决策树的农业保险精准扶贫研究——以湖南省14地市为例 [J]. 农村经济，2017（11）：63-68.

[54] 王小宁，刘丽丽. 供需视角下农村精准信息服务扩散影响因素研究 [J]. 情报科学，2020，38（3）：93-100.

[55] 吴东颖，樊振佳. 我国农村信息服务研究现状及主题演进分析 [J]. 情报科学，2018，36（6）：156-161.

[56] 吴小花. "互联网+"时代农村新型科技信息服务体系的构建 [J]. 农业图书情报学刊，2017，29（3）：157-161.

[57] 杨诚，蒋志华. 我国农村信息化评价指标体系构建 [J]. 情报杂志，

2009，28（2）：24-27.

［58］ 杨鹏程. 基于需求层次理论的农村居民信息需求探究［J］. 农业图书情报学刊，2016，28（9）：147-150.

［59］ 叶明. 信息经济理论简介［J］. 外国经济与管理，1988（8）：30-32.

［60］ 袁俊. 日本信息化指数模型研究［J］. 情报杂志，2006（4）：112-113；117.

［61］ 张瑾，游风霞，王昌军. 乡村振兴背景下农村信息服务模式研究［J］. 山西农经，2023（22）：154-156.

附　录

附录1 关于农民信息需求的调查问卷

尊敬的女士/先生：

您好！非常感谢您在百忙之中抽出时间填写这份问卷！本调查为匿名调查，不涉及个人隐私。谢谢合作！

一、个人基本信息

1.您的性别＿＿＿＿＿

（1）男 （2）女

2.您的年龄＿＿＿＿＿

（1）18岁及以下 （2）19～28岁 （3）29～38岁

（4）39～48岁 （5）49岁及以上

3.您的文化程度是＿＿＿＿＿

（1）小学及以下 （2）初中 （3）高中或中专

（4）大学专科 （5）大学本科及以上

4.您的家庭收入

（1）1 000元以下 （2）1 000～3 000元 （3）3 000～5 000元

（4）5 000～7 000元 （5）7 000元以上

5.您的家庭成员数量

（1）1人 （2）2～3人 （3）4～5人

（4）6～7人 （5）8人及以上

6.您的婚姻状况

（1）未婚 （2）已婚 （3）离异 （4）丧偶

7.您的主要收入来源

（1）农业收入 （2）非农业收入

8.您那里的交通状况

（1）非常不便　　（2）不便　　（3）一般　　（4）便利

（5）非常便利

9.您受信息环境影响的程度

（1）完全没影响　（2）几乎没有影响　（3）有一定影响

（4）有较大影响　（5）有非常大影响

10.您接受信息的意愿

（1）抵触　（2）不愿意　（3）一般　（4）愿意　（5）非常愿意

11.您对信息的认知程度

（1）非常不了解　（2）不了解　　（3）一般

（4）了解　　　　（5）非常了解

12.您对信息的接受能力

（1）非常差　（2）差　（3）一般　（4）较强　（5）非常强

附录2　关于农民信息服务采纳意愿的调查问卷

尊敬的女士/先生：

　　您好！非常感谢您在百忙之中抽出时间填写这份问卷！本调查属匿名调查，不会涉及个人隐私。谢谢合作！

一、新技术接受因素

　　1.您的性别＿＿＿＿＿＿＿＿

　　（1）男　　　　（2）女

　　2.您的年龄＿＿＿＿＿＿＿＿

　　（1）18岁及以下　（2）19～28岁　　（3）29～38岁

　　（4）39～48岁　　（5）49岁及以上

3.您的文化程度是_____

（1）小学及以下　　（2）初中　　　　　（3）高中或中专

（4）大学专科　　　（5）大学本科及以上

4.是否接受过相关的培训

（1）是　　　　　　（2）否

5.通过接收相关信息我能够获取物质上的利益（PE1）

（1）非常不同意　　（2）不同意　　　　（3）不一定

（4）同意　　　　　（5）非常同意

6.通过接收相关信息我能够获取精神上的利益（PE2）

（1）非常不同意　　（2）不同意　　　　（3）不一定

（4）同意　　　　　（5）非常同意

7.通过接收相关信息我能获取物质上和精神上的双重利益（PE3）

（1）非常不同意　　（2）不同意　　　　（3）不一定

（4）同意　　　　　（5）非常同意

8.为了接收信息方便我愿意花钱购买手机、电脑、电视等信息接收端（EE1）

（1）非常不同意　　（2）不同意　　　　（3）不一定

（4）同意　　　　　（5）非常同意

9.为了接收信息方便我愿意为网络租用支付一定的费用（EE2）

（1）非常不同意　　（2）不同意　　　　（3）不一定

（4）同意　　　　　（5）非常同意

10.为了接收信息方便我愿意参加相关的教育培训活动（EE3）

（1）非常不同意　　（2）不同意　　　　（3）不一定

（4）同意　　　　　（5）非常同意

11.其他家庭成员认为我应该接收相关信息（SI1）

（1）非常不同意　　（2）不同意　　　　（3）不一定

（4）同意　　　　（5）非常同意

12.我的亲戚朋友认为我应该接收相关信息（SI2）

（1）非常不同意　　（2）不同意　　　　（3）不一定

（4）同意　　　　（5）非常同意

13.周围其他人都在接收相关信息所以我也应该接收相关信息（SI3）

（1）非常不同意　　（2）不同意　　　　（3）不一定

（4）同意　　　　（5）非常同意

14.互联网等设施为我接收信息提供了渠道（FC1）

（1）非常不同意　　（2）不同意　　　　（3）不一定

（4）同意　　　　（5）非常同意

15.手机、电脑、电视等为我接收信息提供平台（FC2）

（1）非常不同意　　（2）不同意　　　　（3）不一定

（4）同意　　　　（5）非常同意

16.各种教育培训活动为我接收信息提供了方法指导（FC3）

（1）非常不同意　　（2）不同意　　　　（3）不一定

（4）同意　　　　（5）非常同意

17.为了能够在接受信息过程中获得精神上的愉悦享受（HM1）

（1）非常不同意　　（2）不同意　　　　（3）不一定

（4）同意　　　　（5）非常同意

18.为了能够在接受信息后获得物质方面的回报和享受（HM2）

（1）非常不同意　　（2）不同意　　　　（3）不一定

（4）同意　　　　（5）非常同意

19.为了能够在接受信息、加工信息、使用信息过程中获得成就感（HM3）

（1）非常不同意　　（2）不同意　　　（3）不一定

（4）同意　　　　（5）非常同意

20.我认为通过接受信息获得的精神满足价值远远大于购买平台的投入（PV1）

（1）非常不同意　　（2）不同意　　　（3）不一定

（4）同意　　　　（5）非常同意

21.我认为通过接受信息获得的物质收入远远大于购买平台的投入（PV2）

（1）非常不同意　　（2）不同意　　　（3）不一定

（4）同意　　　　（5）非常同意

22.我认为以前的心理活动影响我对信息的接受程度（HA1）

（1）非常不同意　　（2）不同意　　　（3）不一定

（4）同意　　　　（5）非常同意

23.我认为以前的行为活动影响我对信息的接受程度（HA2）

（1）非常不同意　　（2）不同意　　　（3）不一定

（4）同意　　　　（5）非常同意

二、年龄和经验因素

1.我很愿意接收各种信息（AG1）

（1）非常不同意　　（2）不同意　　　（3）不一定

（4）同意　　　　（5）非常同意

2.我对信息的接收持谨慎态度（AG2）

（1）非常不同意　　（2）不同意　　　（3）不一定

（4）同意　　　　（5）非常同意

3.我不太喜欢接受新鲜事物（AG3）

（1）非常不同意　　（2）不同意　　　（3）不一定

（4）同意　　　　　（5）非常同意

4.我很愿意接收各种信息（EX1）

（1）非常不同意　　（2）不同意　　　（3）不一定

（4）同意　　　　　（5）非常同意

5.我对信息的接收持谨慎态度（EX2）

（1）非常不同意　　（2）不同意　　　（3）不一定

（4）同意　　　　　（5）非常同意

6.我不太喜欢接受新鲜事物（EX3）

（1）非常不同意　　（2）不同意　　　（3）不一定

（4）同意　　　　　（5）非常同意

三、附加因素

1.我特别愿意接受新鲜事物（IN1）

（1）非常不同意　　（2）不同意　　　（3）不一定

（4）同意　　　　　（5）非常同意

2.我能很好地应对突发事件（IN2）

（1）非常不同意　　（2）不同意　　　（3）不一定

（4）同意　　　　　（5）非常同意

3.我是一个善于钻研、善于创新的人（IN3）

（1）非常不同意　　（2）不同意　　　（3）不一定

（4）同意　　　　　（5）非常同意

4.我绝对信任从家人朋友处获得的信息（TR1）

（1）非常不同意　　（2）不同意　　　（3）不一定

（4）同意　　　　　（5）非常同意

5.我会事先对不确定来源的信息进行甄别和检验（TR2）

（1）非常不同意　　（2）不同意　　　（3）不一定

（4）同意　　　　　（5）非常同意

6.我是否接收相关信息取决于风险的大小（TR3）

（1）非常不同意　　（2）不同意　　　　（3）不一定

（4）同意　　　　　（5）非常同意

7.我会为了完成自己的目标去选择接收相关信息（GO1）

（1）非常不同意　　（2）不同意　　　　（3）不一定

（4）同意　　　　　（5）非常同意

8.我会为了提升自身的技能而选择接收相关信息（GO2）

（1）非常不同意　　（2）不同意　　　　（3）不一定

（4）同意　　　　　（5）非常同意

四、结果

1.我有强烈接受信息的愿望（AI1）

（1）非常不同意　　（2）不同意　　　　（3）不一定

（4）同意　　　　　（5）非常同意

2.我可以接收相关信息（AI2）

（1）非常不同意　　（2）不同意　　　　（3）不一定

（4）同意　　　　　（5）非常同意

3.我对于是否接收信息无所谓（AI3）

（1）非常不同意　　（2）不同意　　　　（3）不一定

（4）同意　　　　　（5）非常同意

4.我拒绝接收相关信息（AI4）

（1）非常不同意　　（2）不同意　　　　（3）不一定

（4）同意　　　　　（5）非常同意

索　引